総合人間学 14

いのちのゆれの現場から実践知を問う

総合人間学会　編

本の泉社

総合人間学14　いのちのゆれの現場から実践知を問う〈目次〉

いのちのゆれとの対話から発見する豊かさ

中村　俊

1．対話のない社会

（1）新型コロナウイルスが猛威をふるっている

ウイルスは、短期間のうちに刻々と感染者数、死亡者数の最多地域を変えながら、世界190を超える国々に拡散している。これに対し、各国の、また国を超えた医療従事者、公衆衛生に関わる職員たちの献身的な努力・協力が続けられている。自由で親密な生活が楽しめるよう、一日もはやい収束を願わずにはおれない。

目に見えないウイルスの感染拡大は、高度なセキュリティーをもつ国際金融システムや軍事システムもやはり要所で人が働いで維持していることに気づかせてくれているし、経済的に豊かな国においても、貧困、医療・福祉政策の脆弱さ、教育環境の格差が存在していることをあぶり出している。相互扶助がまさに必要な時に、感染拡大対策のためのソーシャルディスタンス施策が行われているため、社会のコミュニケーションの底力が試されてもいる。

1918年のH1N1ウイルスによるパンデミックでは、感染者は5億人に達し、5000万人を超える方が亡くなった。これは、第一次世界大戦の末期のことで、長引く塹壕戦や国民的な低栄養、医療体制の崩壊により被害が拡大し、収束には2年を要した。最近でも、WHO（世界保健機構）は2019年に、コンゴ民主共和国におけるエボラ出血熱の大流行に対して緊急事態を指定したばかりで、有効なワクチンは開発されたが、2020年4月現在も収束には至っていない。環境研究者の石弘之が指摘するように、グローバルな経済活動は、感染拡大の直接的な原因でもあり、自然破壊は、パンデミックの根本的な要因を構成していると考えられるし（パンデミックはいつでも再燃しうる）、2008年のリーマンショックからの脱却過程で切り捨ててきた生存のための社会的資源の見直しなど、多面的な検証が必要になっている。

（2）「やまゆり園」事件の裁判員裁判は幕を閉じたが

2020年3月31日の各社報道は「相模原市の重度知的障害者施設「津久井やまゆり園」で2016年、入所者ら45人が殺傷された事件で、殺人罪などに問われ一審で死刑判決を受けた植松聖被告（30歳）が30日、弁護人による控訴を取り下げた。控訴期限は同日で、31日午前0時をもって死刑が確定した。」ことを伝えた。

同日、日本障害者協議会は声明を発表している。その冒頭で「私たちは釈然としない。それは、真相が何一つ解明されなかったからである。今の時点で私たち自身に、そして社会に向かって強く言いたいことは、『事件を忘れない』である。」と述べている。

植松聖は最後まで、「障害者は不幸をつくることしかできない」「生産性のない人は生きる価値がない」「仕方がない。障害者を育てることを生きがいにしてほしくない」と法廷で発言している。この思想は、しかし植松聖一人のものではなく、「この社会に根深くはびこっていることを危惧する。私たちは、社会のそこかしこに潜む差別や偏見と対峙し、自身とも向き合っていかなければならない。」（声明）

この声明の中でもう一つハッとさせられたのは次の文章である。

「裁判では被害者が1人を除いて記号で呼ばれた。記号での裁判の背景には、重い障害のある人や家族が置かれた現代社会での厳しい状況があることは間違いない。しかし、記号で呼ばれた裁判は、いのちを奪われた人たちの人格や人生が否定されているようにも思え、残念でならない。」すなわち、裁判自体が、障害をもつ人への差別を内包した場であったということだ。

植松聖自身、障害をもつ人を殺すことで自己の全能感を回復したのだとしたら、逆説的に言えば、彼の存在には障害を持った者が必要だったことを意味しないか。この背理は無力感に苦しむ青年が説得されてＩＳ戦士になってゆくプロセスと酷似している。例えば、アメリカ大統領トランプ氏を憎んでＩＳ戦士になるのも、植松聖のようにメキシコとの国境に壁をつくると宣言し、実行したトランプ氏を尊敬したことが、自分の存在意義のあかしとして殺害行為に至る一つのきっかけとなるのも、対象こそ異なるが、自己と社会の距離を一瞬の暴力行為によって縮めようとするものだ。他者の存在を抹殺することで自己が生存し続ける意味がなくなるにも関わらず。彼は判決後すぐに控訴を取り下げている。

もしその無力感の様々な表現のゆれにきちんと向き合う他者が存在したならば、暴力に身をゆだねる必要がなかったかもしれない。この無力感を生み出した社会の残酷さにきちんと目をむける必要がある。学力が全ての日本社会では、学力〜能力〜社会的地位という暗黙の尺度があり、〝学力弱者〟は自分の言葉が大切にされる体験を奪われ、言葉を信じなくなり、語り合わなくなる。しかし、生きたいエネルギーはたまる。対話の回路を経ないエネルギーは直接行動、暴力として現れざるをえない。「和を大切にする社会」はこれに極刑を課し、なかったことにする。社会的強者が常に勝ち、「和」が保たれる。中島義道が指摘したように、「和という状況功利主義」は私達一人一人がその場の空気を読みながら生きている日常＝世間でもある。

2. 生きることの意味

そこであらためて、人間にとって生きることの意味を考えてみたい。ヒトは、比較行動学的にみると、言語化しうる意識をもっている点で他の動物と異なっている。そして言語で表現された意識は、人間にとって客観的現実よりもリアルに感じられる。自分の意識を分析の対象にすることは哲学的な訓練などをしないと難しいものだ。最近はだいぶ手あかがついてきたが、自己とマインドフルに関わるということにもトレーニングがいる。たいがいは、意識の流れに巻き込まれ自分を見失う。

それで、自分の意識はいわば第二の皮膚になっていて、自分でも他人からも定かには見えないが、周りの世界への自分の関わり方を決めるほどのバリアになっていることを自覚したい。生物と環境との関係を環世界とみたユクスキュルになぞらえて言えば、人間の知覚世界は、この第二の皮膚を介したものだと言える。環世界とは、どんなに部分的な知覚に基づいていても、その生物個体にとっては自己完結的な、生存適応的な生物―環境システムなのである。

人間の相互理解は、お互いにこの第二の皮膚、バリアを介したものであることを自覚することから始まる。自分と他者はお互いに異なった存在なのである。その第二の皮膚がどうして今のような有様になっているかには理由があり、それは遺伝や、発達環境や、他者との関わりのなかでの一つ一つの選択を経て作り上げられてきたということである。いわば自分の生きる意味が紡がれて出来上がったのが第二の皮膚である。だから、醜いから脱げと言われても、上着を脱ぐようなわけにはいかない。バリアはただ、幼虫が脱皮をするように、内的必然性に基づいて変化してゆくしかない。

しかし、このバリアが身体ともども崩壊するような危機は一生の間に何回か訪れる。思春期は誰にとってもその大きな危機の一つだ。親しいものとの死別や、自然災害・社会的災害も大きな危機を引き起こす。病を得たり、老齢に達すれば、死はごく現実的な可能性になる。そして、この危機はまた、内的な脱皮の機会でもある。

２０１１年3月11日におきた東日本大震災と原発事故は国民全体にとって大きな危機だった。生存そのものの危機、恐れ、不安、哀しみ、怒り、そして虚脱。必要な時間が熟し、新しい芽が育つ。被災地で、虚脱から立ち上がる時に亡くなった者とのつながりが自覚されたことが転機になったという話を耳にすることが多かった。

１９９７年、宮城県名取市に在宅専門の診療所を立ち上げた岡部健医師は、震災の1ヶ月前に自ら末期がんであることがわかり、２０１２年12月に亡くなるまで闘病しながら、スピリチュアルケアまでを含んだ看取り介護の実現のために活動をつづけた。岡部医師にとっての精神的な転機は、同僚の看護師が患者と家族を2階に避難させたあと患者さんの薬をとりに階下に戻ったところで津波に襲われ亡くなったことだった。この転機を自ら「宗教的原体験」と呼んでいるが、それは、まず「個人」がいる、という考えが、それは逆で、まず「自然」がある、私も看護師も「大きな命に」帰るのだというインスピレーションだった（本誌大菅俊幸参照）。

この発想の転換は、死者の視点から生きていることを見るということだ。実は、日本人にとって死者とともにあるという思想は伝統的である。歴史研究者の阿部謹也は、民衆に仏教を広めるための説話として編まれた「日本霊異記」を紹介しながら、日本人に固有の「世間」は、石・動植物や死者をも含む他者との互酬的で贈与的な関係性を特徴の一つとしていると言う。例えば、浦島太郎伝説に見られるように亀でさえ人間に恩返しをするのである。そしてまた、この視点は、日本人の倫理観の原点でもあるという。

こうしてみると、岡部医師の「大きな命」という直感は、死者の視点でもあり、日本の看取り文化のルーツに還るものである。岡部医師は、在宅医療を始めると、病院ではほとんど聞いたことがない患者の「お迎え」体験は自宅ではありふれていて、死への安心な道標になっていることに気が付いたという。合理的には、自分の死の瞬間は自覚できず、死という体験は他者にとってのものでしかないという風に考えられるが、夢やあるいは覚醒状態で体験する「お迎え」はまさしく自分の死のイメージであり、意識が死と折り合いをつけている状態だと思われる。意識がゼロに接近すると思いきや、意識のゼロポイントは、より大きな存在への入り口であることに気づくのである。

この逆の体験もあるだろう。すなわち、存在（自然）の側から意識のゼロポイントに接近しようとしている者のことだ。配偶子の融合から細胞分裂が始まり個体が生成し誕生する。そのどこかの過程で、身体と脳の複雑性のある段階で、意識が生まれる。「生前記憶」をもった子どもの話が映画（かみさまとのやくそく）になっている。「お迎え」体験が、死ぬことの意味づけであるとすると、「生前記憶」は生まれてきたことの意味づけだと言えるだろう。その子の自分と周りの者への愛着の意識だと考えられる。ヒトという生き物が、いかに生きることの意味、第二の皮膚を必要としているかということだろう。

障害をもっているということも、生命の自己実現、自己表現の一つの形なのである（本誌白石恵理子参照）。障害をもちながら生きているし、よりよく活きようとしているのである。だとすれば、生命活動の現れとして、それは障害を持たないものと本質においてなんら変わるところがない。むしろ、「世間的」にできないことがあることで、自由であるかもしれない。逆に言えば、「世間的」にできることは誰かに隷従することかもしれない。隷従していることに気づきにくくなるということかもしれない。自らを〝学力弱者〟とのみ見なし、考えること、思いをことばにすること、対話することをあきらめることになっていないだろうか。

3. 対話でひらく「世間」

先に「日本霊異記」の解説を引きながら日本の伝統的な「世間」概念を紹介した。呪術をともなう一種のアニミズム的な世界観と言えるかもしれない。この世界観を背景にしながら、「世間」には、「幼長の秩序」「時間意識の共有」という特徴があり、これは近代化の過程でも変わることがなかった。「時間意識の共有」というのは、日本人同士の挨拶が「先だってはお世話になりました」で始まり、「今後ともよろしくお願いいたします」で終わることに端的に現れていて、英語にはとても翻訳できないと阿部謹也はいう。

一方、ヨーロッパでもキリスト教を民衆に広めるための説話集「奇跡を巡る対話」が13世紀に刊行された。説話には、互酬的、贈与的、呪術的「世間」が解体され、罪の意識が「告解」によって一人一人の内面の問題として定着していったプロセスが確認される。ヨーロッパと比較すると、日本では呪術的「世間」が解体されないまま、今に至っていると言えるだろう。

その「世間」では、個は存在せず、したがって社会もなく、「世間」に癒着した「自分」がいる。「時間意識を共有」する「身内」では、仲間意識を確認する会話はあっても、異なる他者との対話は育ちにくい。他者は異界として退けられるか、同化することを条件に、身内に取り込まれる。マジョリティーの「寛容」な「お情け」としての同化という名の差別である。さりとて、差別をやめましょう、と言われても第二の皮膚となった身内意識は誰にとっても容易には克服できない。日本で「世間」を解体するというのは容易ならざることが自覚される。また単純な解体ではなく、日本の文化が育んできた自然全体と人間との互酬的で贈与的な関係性という世界観・倫理観、死者とともに生きる看取り文化などを大切にしながら、差異からくる豊かさを発見することが課題なので、なおのこと容易ではないのである。この二重の意味で、対話によって「世間」をひらくことが課題だと言えるだろう。

しかし、この課題を複雑にしている事情がある。それは、強固に見えた「世間」が自から崩壊しつつあるからだ。戦後の経済復興、高度成長を支えたのは、日本型企業社会だった。個別の企業は城下町の城主のように、そこで働く人を生涯雇用し、賃金は年功序列で上がっていった。企業内の技術教育もあって、年齢とともに技能が向上していたということでもある。また被雇用者家族の福利厚生も国の福祉政策ではなく、企業が面倒をみた。大企業のほうが賃金も福利もよいので、自分の子どもに学力をつけ、有利な就職口を得ることが親の務めだった。企業を中心に、家庭—学校という生涯サイクルが回りえる社会である。

この企業型社会モデルが崩壊したのは、日本企業が多国籍化し、グローバルな競争にのりだした１９９０年代である。日経連は、労働力を３つのカテゴリーに分け、まず、正社員として内部に囲いこむ2割程度の「長期蓄積能力活用型グループ」、次いで「高度専門能力活用型グループ」は非正規雇用で、さらに3番目の「雇用柔軟型グループ」は女子パートを主体とし、雇用の流動化策を打ち出した。この結果大量の正規労働者が解雇されることになった。そして、企業が手放した福利政策を国が保障することはなかった。

この結果、男性労働者の約３割はまだ年功序列賃金だが、それ以外では日本型雇用はほぼ喪失し、社会的貧困が広がっている。後藤道夫らの分析では、一つは、ワーキングプアと呼ばれる生活保護基準以下の現役の働き手が２割程度いる。もう一つは普通の暮らしには届かないという意味での貧困である。それは例えば、40代の男性で、夫婦で子育てしている人は40％程度であることに現れている。暮らせる賃金がないことは年金の財源が細くなることだし、生活保護者へのパッシングの社会基盤にもなっていると思われる。企業社会の傘から外へ放り出された者は、企業から自立して生きるという課題に直面することになる。一方、企業の傘の中に留まれたホワイトカラーの労働者でも、10年前に比べどの年齢層でもピークの賃金は、１００万円程、低い方に分布するようになっている。

おそらく、この日本型企業社会の収縮・崩壊が、苛烈な学力競争の社会的背景になっていると思われる。日本型企業社会が回っていた時代の「世間」もなお残存してはいるが、崩壊した企業社会からはじき出された者は、いわば、裸の「自分」のまま、無縁社会に放り出されているというのが今の状況だろう。だからこそ、それぞれの第二の皮膚をもったままの人間同士が、関係性を繋ぎ直し、自らの生きる意味を語り直す対話が必要になっている。働く者同士の横のつながりということも、あらゆるレベルでの問いかけ、語り直しのための対話をうみだすこと抜きには進めないと思われる。政治の場であればなおのことであろう。

4. 対話とは何だろう

そこであらためて、対話とは何だろう、と問うてみたい。それは、身内の会話ではない。身内の会話はしばしば、仲間ボメとそれを補完するゴシップに流れてゆく。対話はむしろ、互いの差異をみつけ、それを認めあうことろから開始される。お互いに異なっていることが豊かさを内に含んでいるのである。異見は第二の皮膚をそれぞれの正当性の根拠としているのだから、その皮膚の内側まで浸透するようなレベルに視点を置きながら話をすすめてゆくことで、差異のもつ豊かさの発見につながる。

第二の皮膚は個人史としても、またその人が生きてきた社会の在り方としてもある必然性をもって紡がれたものである。そして、対話を通じて自分も他者も脱皮し、双方にとっての新しい気づきが生まれる。これが対話だろう。「説得と納得」ではない。もう少し、深いレベルでの内的必然性に促された脱皮でないかぎり、新しい気づきにはならない。

なかなかできないことではあるが、自分が一番聞きたくないことに耳を傾けてみる。そこは、自分の盲点であり、深い真実が潜んでいることがあるからだ。一方、自己を保てぬ弱さから、善意にくもった目で他者と関われば、それはしばしば自己満足に身をゆだね、新しい気づきにいたらない。むのたけじが言うように「他者への同情は、実は連帯の拒否の言いわけ」になる。

学問の世界でも対話は容易ではない。自然科学の研究者は、自然存在との対話をどこまでも続けなければならない。研究者が立てた仮説は検証されて確からしい理論になるが、それは常に相対的真理であり、かならずそれを相対化する仮説と理論にとってかわられて行く。人文・社会科学の研究者は、人間存在をふくむより包括的な存在を相手にしなければならない。論理的整合性と特定の現象に関する解釈の包括性をそなえた理論も、常に相対的真理である。どちらの学問の徒も、人々の日々の生活の場からの問いかけに対して向き合う姿勢を失えば、生命活動の存立基盤を破壊する可能性をもっている。すなわち、専門知にとって実践知は不可欠なのである。したがって、総合知ということは、その体系性に真実があるというよりは、自らの専門性の語り口で、日常の「問いかけ」を語り直すプロセスであり、人々の生活がそうであるように、これで終わりということのない行為である。

こうして、誰もが自らのことばで問を発し、他者との対話のなかで、真実の発見者になるのである。人間の能力というのは、学校的知識を身につけることが可能だということではなく、関係性のなかで他者とともに自己と存在についての真実を発見するという本質的に社会的な能力のことであろう。世界の今と向き合い、世代を超えた深い対話を、それがどんなに困難で、ささやかなものであっても刻み続けることに未来をたくしたい。

〔なかむら　しゅん〕

地域医療の現場から

藤井博之

はじめに、地域医療という言葉について説明させていただきます。地域医療は、病院以外の場所で、あるいはある地理的広がりの中で行う医療というほどの意味の曖昧な言葉として、よく使われます。これに対して私は、「地域医療は、医療の一部ではなく地域の一部である」（清水茂文）(1)という立場をとります。健康を守るための手段である医療を構築するための地域社会の運動という意味です。

地域医療は、患者さん、医療従事者、地域社会が一緒になってつくっていくものだという立場は、いのちのゆれと向き合うために意味があると思います。

自己紹介をいたします。１９８１年に医師の資格をとりました。研修医として勤めた病院は、野戦病院のような第一線医療機関でした。その後、日本中で進んだ病院の規模と技術装備の拡大、それにともなう診療と経営・管理の変化、教育研修と人材育成などの課題について仕事をしてきました、わたし個人の職業上のキャリアでは診療所・在宅医療センター・リハビリテーション病院の新規開設などを経験してきました。

２０１１年に関東から信州へ、長野県の佐久総合病院に仕事場を移しました。ご存じの方もあるかもしれませんが、ここは、「農民とともに」を理念に、農業協同組合を経営母体に運営されてきた、日本の農村医療・地域医療を代表する病院です。総病床数約１０００床と規模は大きいけれど、地域医療の運動体という性格を保ち続けている病院です。

さて、私は臨床医として働いた35年間に、救急・入院・通院・在宅など様々な場面で、患者さんやご家族と出会い、医療、介護、障害者支援、教育、保育、行政などの専門家と働く機会に恵まれました。いつも、いのちのゆれを見続けてきたように思います。

病気には家族や仕事、子育ち等が影響し、その発症・経過・転帰の多くは社会的に決定されます。ことに、この数十年間に医療技術と医療制度が変化し、医療による延命、脳死と臓器移植、体外受精、遺伝子診断・治療、再生医療、医療の選択と自己決定など、数々の難問が日常診療で身近に経験されるようになりました。本人と医療専門職が結ぶ関係についても、当事者主権と多職種連携(2)(3)という課題が、日本の医療の隅々にまで広がったことも、いのちのゆれに深く関係しています。

医療従事者は誰もが、この複雑な変化の中で、本人と援助者の双方が少しでも安定した状況で医療に向き合う方法を模索しています(4)。患者さん、ご家族と専門職、あるいは専門職同士が意思疎通するための共通言語を我々はいかに獲得するかという課題もあります(5)。ここに、模索を促す内在的な志向、またはそこに働く外的強制として、対話的実践の場面が増えていることを見て取れると考えております。

これから、いただきました「３つの問いかけ」に沿って、なるべく具体例でお話しを進めます。

1．いのちのゆれの現場にある課題

（1）寝ていたい老人

寝たきり老人、寝かせきり老人という言葉はご存じかと思います。1960年代後半から寝たきり老人の存在が社会問題化し(6)、1990年代には、寝たきりは実はふせぐことができ、寝かせきりの結果である(7)という指摘がされました。

もちろん誰でも寝たきりにはなりたくないと思っています。しかし、脳卒中や骨折で身体が利かなくなって、病院やご自宅で過ごしている方の中には、「動かされると痛いから、そっとしておいてほしい」と言う方もあります。リハビリテーション医療や在宅医療で働いてきた私は、そういう患者さんに、「そのままだと寝たきりになっちゃいますよ」と半ば脅し、「起きてみましょう。それ…」と無理矢理起こそうとしたこともあります。しかしこれは、うまくいきません。特に介助のスキルが下手だと、痛い思いや怖い思いをさせて、よけい頑なな「寝ていたい老人」をつくってしまいます。腕のいい訪問介護、訪問看護あるいは訪問リハを依頼するのが得策です。

医師が行う訪問診療は、患者さんのお宅を訪問するのですが、その頻度は月に1~2回です。その間の患者さんの変化が、目の付け所さえ間違えなければ比較的よくわかります。悪化することもありますが、時にはあんまり元気になっていて驚くこともあります。例えば、寝ていたかったはずの方が、ある日ある時、私にとっては突然に座っていたりします。「痛い」「さわらないで」といっていた人が、平気で起きてご飯を食べている。何があったか。

表1　アドバンス・ケア・プランニングに際しての心構えと実践の具体的な方法

1. 患者・家族の生活と価値観を知り、患者にとっての最善の選択をともに探索する
2. ＡＣＰ を円滑に行うために――最善を期待し、最悪に備える（Hope for the best, Prepare for the worst）コミュニケーションを心がける
3. あなたのことを心配している、支援したいと考えていることを直接伝える
4. 医療代理人とともに行う
5. レディネスを確かめるための質問をし、話し合う準備ができていると判断できたら、もしものときについて話し合いを始める（経験を尋ね、探索する）
6.「大切にしていること」「してほしいこと」「してほしくないこと」と、「その理由」を尋ね、背景にある価値観を理解する

出典：木澤義之：患者・家族の意向を尊重した意思決定支援、特にアドバンス・ケア・プランニング（ＡＣＰ）について。看護 Vol.70 No.7　2018.6 p71

謎です。

おそらく、訪問看護や訪問リハ、訪問介護のスタッフが、その日その日の調子やご機嫌をうかがいながら、機会を重ねて、どこかのタイミングでうまいことやったに違いありません。

（２）特養からＥＲへ

ある急性期病院の救命救急センターで働いている看護師さんが、こんな話をしていました。特別養護老人ホームから搬送されてくる患者さんは、重篤で、救命処置が必要な人が多い、でも、実は老衰で延命処置がその方の希望に沿っているのかどうか、疑問に感じる、というのです。

（３）アドバンス・ケア・プランニング

人生の最期をどう迎えていくかについて、「リビングウイル」や「事前指示書」が必要という議論がされてきました。近年ではこれらを包括したアドバンス・ケア・プランニング（Advance Care Planning：ＡＣＰ）という言葉が使われています。ＡＣＰは、「患者・家族・医療従事者の話し合いを通じて、患者の価値観を明らかにし、これからの治療・ケアの目標や選好を明確にするプロセス」[8]とされ、厚生労働省がガイドラインを示しています[9]。医療現場では、このＡＣＰをどう進めるか、実践と思索が積み重ねられています。木澤義之先生（神戸大学）が言われているＡＣＰに際しての心構えと実践の具体的な方法を読むと、慎重で丁寧に取り組む必要があることがわかります。患者さんご本人にとっての最善の選択を模索し続けること、その手がかりとしての「価値観」を一緒に考えることが表現されているように思います。

実際のＡＣＰで注意が必要なのは、人は気が変わることがあるということです。自分らしい人生の最期にむけて「ゆれ」ながら手探りしていくこと、専門職を含む周囲は、一緒に考えることでそのプロセスの共有者になることが必要です。少なくともＡＣＰを推進している人々は、そのことをよく認識されていると言えそうです。

果たして、普通の医療の現場で、このような「ゆれ」が大切にされるかどうかは、しかし、予断を許さないように思います。元気なときに書かれた「リビングウィル」よりも、どんな状態になっても対話的な実践を欠かさないことの方が大事だと、現場の医療者や家族が認識しているかどうかです。

（４）患者さんの３つの顔：入院、外来、在宅

医療で働いていて、患者さんと自分の関係は変化していることに私が気がついたのは、30代後半のことでした。研修医や若手医師の頃は、救急車で運ばれてくる患者さん、重い病気の治療のために入院している患者さんと、主に接しています。入院するような病気では、患者さんの心を「ひょっとすると悪い病気ではないか」「…助からないのではないか」という疑念がよぎるかもしれません。そのころの私には、患者さんの表情は左の絵のように悩み戸惑っているように見えました。

外来の診察室では、通院してくる患者さんは椅子に座ってまっすぐにこちらをご覧になります。実際、予約して

いてもその日に病院に来るかどうかは、患者さんに決定権があります。「仕事があるから、早くして欲しい」などと要望をおっしゃいます。通院の患者さんは、入院中と比べて、娑婆の空気をたなびかせている。そんな風に見えました。

さらに、在宅医療で患者さんのご自宅を訪問すると、患者さんはしばしば床の間のあるいい部屋に寝ていて、家族が大切に気遣っている様子もよく分かります。家族の中での地位に立って、一家の主として客である医者を迎えてくださいます。

はたしてどれがその患者さんの本当の顔でしょうか？　人が、いくつもの顔を見せるのは、あたりまえのことですが、病院の中でばかり仕事をしている医療従事者は、そのことを見失ってしまうかもしれません。でも少なくとも、病棟や救命救急室での顔だけが患者さんの顔だと，勘違いしてはいけないはずです。

図1　患者さんの３つの顔

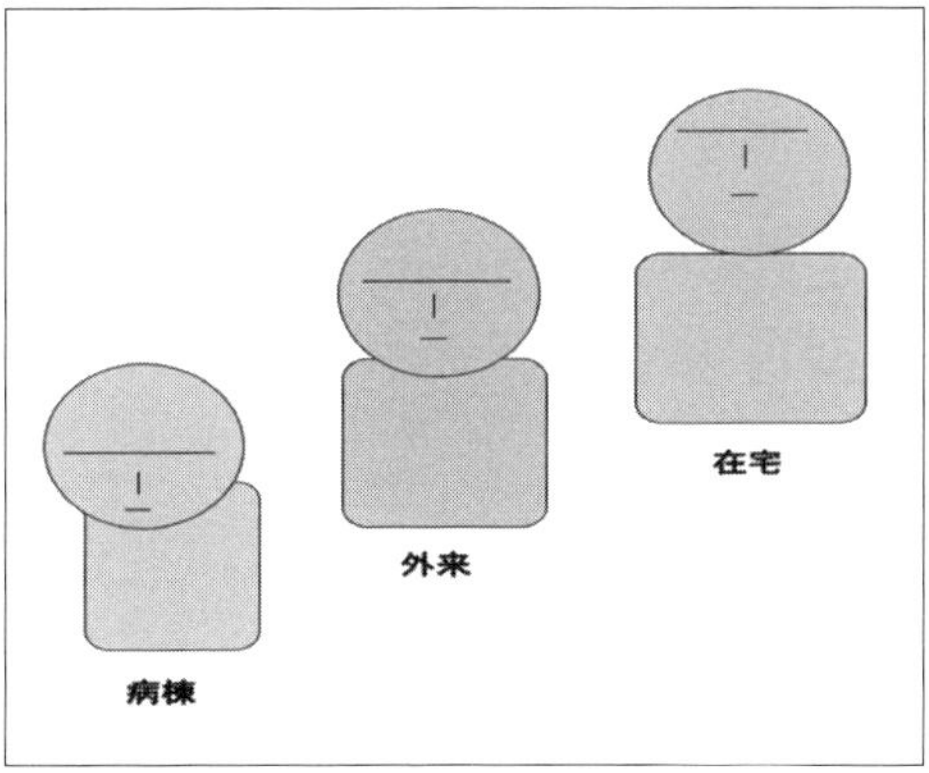

医師や看護師、ほかの医療職でも、資格を取ってすぐの若い時期には、大きな病院で「研修」するのが普通です。医師の初期研修は病棟で行われます。勢い、病棟で出会う表情をしているのが患者さんだと「刷り込み」がされることになりかねません。

このことは実は、厚労省医道審議会医師分科会の医師臨床研修部会でも認識されています。２０２０年度からの制度の見直しでは、慢性疾患や診断のついていない患者さんを診る「一般外来」での研修が入りました。「一般外来」研修は、１９８０年代から一部の病院では取り組まれてきましたが、ようやく制度化されたというところです。在宅医療で，患者さんのもう一つの顔に触れることが研修の一環になっている病院は、今でもほんの一部です。

2. 当事者主体と支援者の関係・役割

さて、このような患者さんの「顔」の変化を知ることは、医療の主体である患者さんについてより深く認識することにつながります。

（1）患者さんは身体を張って医療者を観察している

長野県の小海町の病院で私の診察に通っておられる90代の女性がいます。高血圧と慢性心不全の病名があり、数年前のある日、いつものように歩いてきて「先生、今日はしんの（しんどい）だよ」とおっしゃいました。診察と胸のX線写真で肺に水がたまっていることがわかって、入院していただいたのでした。

でも、入院騒ぎになったのはその時だけで、それ以外は、畑で野菜を育てて、夏場など「草かじり（草取り）」についつい夢中になって、息子に叱られた」と笑う元気者です。単身赴任の私を気遣って、野沢菜漬けや蕗《ふき》の煮物をこっそりもってきてくれたりします。

ある日、いつものように血圧を測り、聴診器で胸の音を聴いて、大丈夫だよと話しかけようとした時です。私の顔を見ていた彼女は、「先生、今日は大丈夫そうだね」と言いました。「そうだけど、なんでわかった?」「そりゃそうだ。こっちだって、先生の顔をいつもしげしげと見ているだ」と笑います。

なるほど、90代の人生の達人が、秘術を尽くして医者の顔から自分の健康状態を読み取っているんだ！　と、納得がいきました。

（2）ある回復期リハ病棟のカンファレンスで

医療現場では、患者さんをめぐる話し合いをカンファレンスと呼びます。複数の専門職が参加するカンファレンスは、多職種連携の檜舞台ともえます。でも、いつもうまくいくとは限らず、チームの問題点を露呈させることもあります。

2005年頃、ある病院の回復期リハ病棟の、退院を目前にした患者さんについてのカンファレンスでのことです。その前に行われたご本人とご家族との話し合い＝面談で、ご家族が「仕事が大変で、娘の受験もあって、家では介護できません」とおっしゃいました。これで、私もほかの担当スタッフも、ちょっとしたパニックになりました。

というのは、3ヶ月前に入院した早々にすでに、家の中を伝い歩きできれば家に帰ろうという目標と方針を立て、ご本人とご家族との面談で確認していたからです。実際に、伝い歩きだけでなく、着替え、トイレの使用なども、ほぼ予測どおりにできるようになっています。退院の延期を検討しなければなりませんが、次の患者さんを受け入れる予定も入っています。

面談の後のチーム・カンファレンスが荒れました。「家族の意向を面談前に把握できなかったのか？　ソーシャルワーカーは何をやっていたの？」という発言がある職種から出ました。ほかの職種も同調して、さながら責任

表2　医療における多職種連携の特徴

たえず離合集散する
異文化交流である
文脈に依存する
おたがいが制約条件になる

追及集会になりかけてしまいました。とはいっても、家族はこの3ヶ月間に、何回も病室に洗濯物を届け、機能訓練室を訪れていました。ソーシャルワーカーよりも看護師、ケアワーカー、PT、OTの方が接触する機会は多かったのです。

多職種カンファレンスが荒れることは時々あり、そうならないように注意が必要なのは当然なのですが、それでも「炎上」を防げないことがあるのです。

その背景には、医療における多職種連携にあるいくつかの特徴があると思います。

病院のチームはたえず離合集散、すなわち、結成と解散を頻回に繰り返しています。つまり、病棟では、医師、看護師、SW、あるいはPT、OT、STなどの専門職が、入院した患者さんを中心にその日に結成され、その方が退院すると解散するのです。平均在院日数が10日間の急性期病棟では、仮にベッド数が45床だとすると、毎日15のチームが結成され、同数が解散しています。入院直後にはインテイクの面接や診察、診療とケアのプランをたて、書類にして共有し、退院直前には退院手続き、退院後の医療機関への連絡など、書類仕事が大量にあります。この業務を、数名の医師、10名に満たない日勤看護師、1名のSWなどが行います。流動的なチームを安定的に運営するのは、それだけでもたいへんです。

また、専門職はそれぞれ歴史的に形成されてきた独自の対象理解、技術、価値観などをもちます。いわば異なる文化的背景をもって、一人の患者さんの周囲に集まるわけです。

連携のあり方は、文脈つまり患者さんの置かれた状況によって異なります。例えば、全身麻酔や意識障害の下にある患者さんでは、患者さんが主体的に関わる条件は極度に制限されており、救命が第一義的課題で、医師を中心に効果的・効率的に活動することがチームの要件になります。高血圧や糖尿病など慢性疾患の外来診療では、予約どおりに診察室に来るかどうかにはじまり、服薬、食事や運動の注意など、主体性は患者さんの側にあります。どの職種が頼りにされるかは、患者さんの療養上の課題や好みによって変化します。医学的リハビリテーションでは、その中間で、患者さんは「治療してもらう」側から「生きていく力を取り戻す」主体にむけて回復していく人です。連携の構成員の役割も、その過程で変化する必要があるわけです。

逆に、各職種が自分の領分だけで頑張りすぎても問題があります。例えば、回復期リハ病棟に入院している患者さんは、朝の着替え、歯磨き、患者食堂での三度の食事、医師の診察、時には検査、ＳＷとの相談、トイレ、入浴、機能訓練、面会者との会話、寝るための歯磨き、着替えと、日課があります。このうち機能訓練は1日3時間まで認められています。各職種が頑張ると、例えば、ＰＴが歩行訓練に連れ出そうとしたらお風呂に入っていたなどということが起こります。患者さんの限られた時間と空間、エネルギーの中で、各職種は自分の発揮できる援助技術を調整する必要があります。

（3）多職種連携のメリットとデメリット

職種の専門性には異なる部分と重なる部分があります。領域の裂け目が顔を覗かせたり、力の出し惜しみを生むこともあります。衝突やパワーゲームによる支配が生じる場合もあるのです。

しかし、専門職がより自由に行動し、他職種に対して開かれた社会性を育み、その結果、固有の専門性が鍛えられることもあります。

（４）多職種連携で必要な４つの共通理解

20年ほど前から私が参加している、多職種連携について考え、研修会や討論会を企画してきた「臨床協働研究会」という小さな研究会があります。中心メンバーは、ソーシャルワーカー、社会福祉士、看護師、そして医師です。このグループでは、多職種連携には４つの共通理解が必要だと考えています。

表３　多職種連携で必要な４つの共通理解

自己理解	当事者理解
他者理解	状況理解

当事者理解、これは、援助・支援を必要としている本人を、どのように理解するかです。例えば、国際生活機能分類ＩＣＦは、このための共通言語のひとつといえるかもしれません。

他者理解とは、当事者・本人を支えるために一緒に働く、専門職を含む者同士の相互理解です。これについては、Interprofessional Education：ＩＰＥ（多職種連携教育）が注目されています。

ＩＰＥは、その国際的に認知された定義によれば、"Interprofessional Education occurs when two or more professions learn with, from and about each other to improve collaboration and the quality of care"（２つ以上の専門職が、一緒に、お互いから、お互いについて学び、連携とケアの質を改善しようとすること：藤井訳）です(10)。

実は、interprofessional という用語を採用するかどうかには留保条件があります。inter- は interactive 双方向性を意味しているのですが、それが professional 専門職の間だけでいいのか？　という問題があるのです。ＩＰＥの国際的なセンターであるＣＡＩＰＥ（Centre for the Advancement of Interprofessional Education）が２００１年に示した効果的なＩＰＥの原則では、ＩＰＥはサービスの利用者と提供者を involve するとされています。

対話的な実践という視点から、専門職だけに限定した表現でいいのだろうか？　という素朴な疑問は、いつかどこかで実践の問題として検討しなければならないと思います。

3．対話的実践の課題と可能性

対話的な実践という問いかけで思い浮かぶ患者さんを、お二人紹介します。

（1）この病気のために、できずにいる大切なことは何ですか？

80代の男性で、会社を経営している、在日韓国人の方です。会社は成功し、第一線を退いていますが、一家の長として奥さん、息子さんたちに、今でも頼りにされています。この方が、慢性進行性の筋疾患と東京都内の大学病院で診断され、数年経過しました。歩行器が必要になって、なんとか歩く力を取り戻したいと主治医に相談し、私がいたリハビリテーション病院を紹介されました。初めてお会いしたときに、ひと通りお話しを伺い診察してから、私はこんな質問をしました。「本当ならやらなければいけないことなのに、この病気になってしまったために、できずにいる大切なことはなんですか？」

この方は、奥さまと相談しながら、会社はまだ心配だけれど、息子に任せたから見守ればいい。家のことは妻に任せてあると順々に挙げた上で、「ここ数年、母国の一族の墓にお参りできていないことです」とおっしゃいました。朝鮮半島の本家に、日本にいる一家の長であるご自分が顔を出すことには、いろいろな意味があるのだそうです。

リハビリテーションの目標は、３ヶ月後までにお墓参りに行けるようにすることに決まりました。そのために、機能・活動訓練をするだけでなく、一日座っていても何処も痛くならない車いすの調達、空港までの移動手段、墓地周辺の移動方法の検討などを開始しました。その年のお墓参りができたあとは、もちろん、来年も墓参りに行けるように、体力を保ち、立位や歩行の力をつけていくことが目標になりました。

今際《いまわ》のことば

私がリハビリテーション病院でお会いしたある60代の男性です。東京の下町で物作り職人をしてこられました。その5年前に難病である神経疾患を発症されました。ある大学病院の神経内科で診断が定まりましたが、有効な治療方法が見つかっていない病気で、四肢体幹だけでなく、口や喉の筋力が低下し、話すことも食べることも困難になり、寝たきりになりました。延命のための人工呼吸器の装着は拒否されたということでした。会話もできなくなって、誤嚥性肺炎をおこし、大学病院に入院され、肺炎の治療が一段落ついて、私の勤めていたリハビリテーション病院に転院になりました。

病室でお会いしたときは、仰向けに寝ておられました。顔だけは横に向けています。上を向くと、舌根つまり舌の付け根が喉に落ち込んで、息ができなくなるため、自然にそうされていたのです。

同僚の医師や理学療法士、作業療法士は、「この人にどんなリハビリテーションが可能ですか?」と疑問の声を上げました。

奥さんは、夫は頑固だけれど真面目な職人で、よく働いてきた。難しい病気になって、なんとかしてあげたいけれど、どうしようもない。悔しいと話していました。

私は、こんなことを考えました。この方は、助からない。でも、最後の最期になったとき、この奥さんに何か言いたいのではないか？　その方法を、リハビリテーション医療は考える務めがあるのではないか。

わずかに、目を動かす筋肉の力が残っていたので、透明な文字盤を使っての意思疎通の練習を試みましたが、本人の体力が足りず、練習に耐えられませんでした。視線入力という技術を使って意思伝達装置を使えるようにしようと考えましたが、時間が足りませんでした。入院されて２週間で、旅立たれました。

まとめに変えて

たいへん雑ぱくな話しをご清聴いただきまして、ありがとうございます。

いまは週１回しか診療をしていないので、このようなお話しをする資格があるかどうか、やや疑問があります。それでも、長年考えてきたことをまとめて報告する機会をいただき、ありがたく思います。

〔ふじい　ひろゆき〕

注

（１）清水茂文「地域医療は医療の一部ではなく、地域の一部である」『ドクターズマガジン』２０１１年４月号。
（２）藤井博之（編著）『ラーニングシリーズＩＰ① Interprofessional の基本と原則』協同医書、２０１８年。
（３）藤井博之『地域医療と多職種連携』勁草書房、２０１９年（刊行予定）。
（４）藤井博之『在宅リハビリテーション　ＰＴ・ＯＴ・ＳＴに何をどう依頼するか（特集在宅医療の極意）治療95（２）』２０１３年、２５８〜２６３頁。

（5）藤井博之（編著）『保健医療福祉のくせものキーワード事典』医学書院、２００８年。
（6）（5）「寝たきり老人」20～26頁。
（7）大熊由紀子『寝たきり老人のいる国、いない国』ぶどう社、１９９０年。
（8）木澤義之「患者・家族の意向を尊重した意思決定支援、特にアドバンス・ケア・プランニング（ＡＣＰ）について」看護 Vol. 70 №. 7、２０１８年６月。
（9）厚生労働省「平成29年度人生の最終段階における医療に関する意識調査報告書」２０１８年。
（10）CAIPE : Interprofessional Education–A Definition. CAIPE Bulletin No. 13. 1997. https://www.caipe.org. 2019.6.10
（11）Freeth D, Hammick M, Reeves S, et al. Effective Interprofessional Education Development, Delivery & Evidence. Blackwell, 中山蒂子訳『役に立つ専門職連携―開発・提供・評価』新潟医療福祉大学、２００５年、42～43頁。

筆者を囲む対話の試み

藤井博之さんは２０１９年6月15日に行われた第14回総合人間学会シンポジウム「いのちのゆれの現場から実践知を問う」のパネリストの一人として講演を行った。論考はこの講演に基づいている。

シンポジウムでは実行委員会から、３つの問いかけが提案され、パネリストはそれに応えることを意識して話をされた。その問いかけは文末に掲載した。講演ののち、パネリストを囲む分科会が行われた。読者との誌上での対話を進めるために分科会の様子をお伝えしたい。これは当日分科会の司会を務めた中村俊さんのまとめに基づいている。

１：報告の中で印象に残った事例、考え方、言葉をあげてください。

多種職連携。Interprofessional Education: ＩＰＥ（多職種連携教育）。慢性進行性の筋疾患を患っている患者さん（80代）のリハビリの目標を対話的に決め、目標を達成したこと。

２：「３つの問いかけ」についての報告を聞き、またご自身の経験に照らしてどのようなことを考えましたか。高齢に近づき、出来ていたことが困難になったり、健康状態が悪化したりする。でもまた回復し、くり返しながら死を納得するようになってゆくこと。自分との対話。存在との対話。

3：グループ討論で深めたいテーマをあげてください。

多種職連携は簡単ではないと思いますが、具体的にはどのように連携を実現されていますか。地域医療のなかで、在宅や看取りをどのように位置づけるのか。その違いは何か？

4：全体討論で深めたいテーマをあげてください。

「病の語り」と「医療」。

司会者の感じたこと

患者さんは、病棟、外来、家庭では全く異なる顔をもっている、というお話は印象に残った。在宅医療だと、医療スタッフがこの3つの顔を知り、患者さんは、一人の人格として理解されるようになるかもしれない。この視点から、多種職連携は専門家同士だけではなく、当事者を含むものもと考えられる。精神科医斎藤環らが唱道するオープンダイアログという取り組みとの関連にも注目してゆきたい。

3つの問いかけ

①地域医療、災害ボランティア、障害をもつ人の発達保障、「いのちの電話」の活動などにおいて「いのちのゆれ」をどのような時に感じますか。それはどのような意味をもっていると考えますか。（いのちのゆれの意味）

②様々な対人支援の場における当事者主体と支援者との関係のあり方、役割はどのようなものでありたいと思いますか。その関係性の構築にはどのような課題があると考えますか。（当事者、支援者の関係性の課題）

③あなたにとって対話的実践とはどのような活動を意味しますか。その実践においてはどのような課題があると考えますか。（対話的実践の意義と課題）

重い障害のある人の発達保障実践から

～〝ゆれ〟〝ゆらぎ〟と対話について考える～

白石恵理子

はじめに

本稿では、障害の重い子どもたちのことを念頭におきながら、糸賀一雄らが提唱した「発達保障」の理論と実践にかかわって、シンポジウムの課題に応えたい。

筆者は、もともと乳幼児の発達研究から出発し、障害のある子どもたちの発達診断・発達相談に携わってきた。子どもたちが幼児期、学齢期、青年期、成人期というライフコースを歩む姿に出会うなかで、障害のある人たちのライフサイクルと発達保障について考えてきた（白石 2018 など）。そこで確信を得てきたことは、障害が重い人たちだからこそ教えてくれることは多いということである。障害のない場合、目に見える形で「できること」が増えていくことが多い。したがって、発達とは「できることが増えること」、発達保障とは「できることを増やすこと」と捉えられがちである。しかし、「できること」だけに目を向けることによって、かえって人格的広がりや精神的自由を妨げてしまう危険性は数多に指摘されてきた。そうした狭い捉え方ではなく、発達や発達保障ということを根本から照射してきたのが、障害の重い人たちとその実践であったと考える。

1．糸賀一雄と発達保障

「発達保障」の考えは、1950年代より近江学園での知的障害児に対する実践を通して培われてきた。近江学園は、戦後すぐの1946年に、社会から忘れ虐げられていた戦争孤児や「精神薄弱」児たちに、「何よりも温かく楽しい、そして腹のくちくなる家庭」が必要という熱い思いから、糸賀一雄、池田太郎、田村一二らによって設立された。1948年には、児童福祉法の施行に伴い、養護施設兼「精神薄弱」児施設として認可を受け、滋賀県立となった。その後、戦争孤児たちは徐々に「自立」していき、入所児は、そのほとんどが知的障害児になっていく。また、児童施設であるために原則18歳までが対象とされ年齢超過児の処遇が大きな課題となっていくが、糸賀らは粉骨砕身の労苦の末、成人を対象とした施設を作っていった（信楽青年寮、あざみ寮など）。近江学園では入所児の低年齢化、障害の重度・重複化が進行していったが、とりわけ障害の重い子どもたちに対しては医療的支援も欠かせないことから、重症心身障害児施設びわこ学園の設立につながっていく。こうした障害の重い子どもたちへの実践のなかで「発達保障」の考えが深化していった(1)。

当時、障害の重い子どもたちは、就学年齢に達しても「教育の対象ではない」と就学猶予・免除の措置を受けることが多かった。その背景には、「抽象的思考ができない」「見通しがもてない」「融通がきかない」等々と、劣弱性の枚挙によって心理特性をとらえる固定的、非発達的理解があった。それに対し、糸賀や、近江学園の研究部を担った田中昌人らは、障害の有無にかかわらず発達のみちすじは共通であるという科学的理解に基づき、一人ひとりの発達可能性を見出していった。糸賀は、「重症児が普通児と同じ発達のみちを通るということ、どんなにわずかでもその質的転換期の間でゆたかさをつくるのだということ、治療や指導はそれへの働きかけであり、それの評価が指導者の間に発達的共感をよびおこすのであり、それが源泉となって次の指導技術が生み出されてくるのだ。そしてそういう関係が、問題を特殊なものとするのでなく、社会の中につながりをつよめていく契機になるのだということ。そこからすべての人の発達保障の思想と基盤と方法が生まれてくる」(糸賀 1968:172)と述べた。

どんなに障害が重くても、共通の発達のみちすじのなかで努力している主体であるととらえたことの意義は大きい。確かに、知的障害のある子どもたちについて「見通しがもてない」と感じることはある。しかし、ひとつ先のことを見通す、ふたつ先のことを見通す、明日のことを見通す、来年のことを見通す…という発達の過程のどこかで誰もが努力しているのであり、どの時点で努力しているのかについて価値の優劣はない。また、療育や教育はそれぞれの努力を励ますものであって、画一的な方法のもとで「見通しがもてないから障害がある」「できないことが多いから重度である」とすることは教育的認識とは言えない。また、個々人をバラバラに切り離して「できる」かどうかだけで発達をみるのではなく、人と一緒にする、多様な他者の支援を受け入れる等、他者との関係も含めて発達をとらえると、その可能性は無限であり、「どんなにわずかでも…ゆたかさをつくる」ととらえたのである。

さらに、共通の発達のみちすじがあるとする一方で、一人ひとりが唯一無二の存在であり、「だれととりかえることもできない個性的な自己実現をしている」(糸賀 1968:177)とした。そして、「その自己実現こそが創造であり、生産である。私たちのねがいは、重症な障害をもったこの子たちも、立派な生産者であるということを、認めあえる社会をつくろうということである。『この子らに世の光を』あててやろうというあわれみの政策を求めているのではなく、この子らが自ら輝く素材そのものであるから、いよいよみがきをかけて輝かそうというのである。『この子らを世の光に』である。この子らが、うまれながらにしてもっている人格発達の権利を徹底的に保障せねばならぬということなのである」（糸賀 1968:177）と述べた。１９６０年代、日本は高度経済成長期に入り、物質的な豊かさこそが幸福であるという価値観が社会を席巻していった時代に、どんなに重い障害をもっていても、一人ひとりの「自己実現こそが創造であり、生産である」と主張したのである。

そして、障害の重い子どもたちへのとりくみは、「人間の新しい価値観の創造をめざすといった歴史的な戦いの一環」（糸賀 1968:10）だとも述べている。教育も医療も福祉もない当時、親の手で子どもの命が絶たれることも少なくなく、動きまわる子どもたちは家の柱にくくりつけられている状況が全国各地でみられた。糸賀らは、そうした子どもたちが安心して教育や医療が受けられる場づくりをしながら、一人ひとりの「この子」の生きる意味を訴えていった。そして、それをつかんだ指導者も発達的に変化し、それが他の子どもたちへの療育や教育に生かされ、「社会の中につながりをつよめていく契機になる」ことを通して、「すべての人の発達保障の思想と基盤と方法が生まれてくる」と、「この子」たち一人ひとりが新しい社会、新しい価値をつくりだす存在でもあることを訴えたのである。

2. 主体性の認識にかかわって

重症心身障害児施設としては、びわこ学園の前に、東京に島田療育園ができていた。島田療育園を創設した医師の小林提樹は、重症心身障害児が医療すら受けられずに親が苦しんでいる姿をみて、安心してわが子に医療を受けさせることのできる施設づくりをめざした。小林は「重症」の定義について、「医学的重症」「介護的重症」「社会的重症」の概念を提起し、身体障害や知的障害などが重いだけでなく、医療や介護などのケアが受けられていない状況を訴えた。一方、びわこ学園では、親や家族の思いを受け止めつつも、その子自身が発達の主体であること、その子自身が価値の出発点であることをとことん大切にしようとした。この主体性の認識こそが発達保障の出発点であったと考える。

発達保障の考えは、養護学校義務制実施を切り拓く原動力にもなっていくのだが、義務制実施の10年前、1969年に開校した京都府立与謝の海養護学校に子どもを通わせることになったある母親は、次のように語ったという。「先生方は発達の主体は子どもだと、子どもが主人公だと言われます。私たちも『うーん』と思いながら、しかしなかなかそういうことが理解できませんでした。私の子どもは寝たままで、スプーンで流動食を口に流し込んでやるような生活をしています。そういう育て方をしています。だから私が子どもに全面的に援助してかかわってやらなければならない。私が育てていくのだという意識が非常に強かったのです。…でも、先生わかりました。私のできるところはここまでだと。寝たままの子どもが口を開けている、流動食をつくってスプーンで口に流し込んでやること、そこまでが私の仕事だと。その流し込まれた流動食を自分の血や肉としているのは子ども自身なのだ。これに対して私は何もしてやることができないんです。まさにそれは子どもの力なんだというふうに、子どもを再認識したんですよ」（青木 1997:46-47）。全面介助なしでは生きられないわが子が自分の力で生きているという気づきは、親であっても踏み込めない人格をもっているという気づきでもあったと思われる。それはきっと、子どもの成長過程でどの親でも経験する淋しさを伴った喜びでもあっただろう。学校に通うことで生活リズムができる、表情が変化するという発達的変化がうまれ、子にも親にも仲間ができる。「私が育てていく」と一心同体にならざるを得なかった親子にとって、その子自身が主語となる生活がはじまったことは、親が、一人の人格をもった人間としてわが子をとらえるうえで不可欠であった。

一人ひとりが発達の主体であるという理解は、子ども自身が生活や人生の主体であり、自分や社会への「ねがい」をもつ権利主体であるという認識でもある。その実践においては、障害や発達を科学的にとらえることとあわせ、内面に分け入って、一人ひとりがどんなねがいや要求をもっているのかをつかむことが重要となる。

今、教育の場においても、あらためて主体性の獲得が言われている。たとえば新しい学習指導要領では、子どもたちが身につけるべき「資質・能力」が規定され、それを実現する教育の方法として「主体的・対話的で深い学び」が提起された。しかし、佐貫（2019）によれば、それは新自由主義のもとで、グローバル資本の欲する、競争に勝ち抜くための「資質・能力」であり、子どもや教師からすれば、外から持ち込まれた教育目標に向けて追い立てられることになると警鐘を鳴らす。本来、教師は、目の前の子ども、子ども集団のなかにあるねがいや要求、葛藤、悩み、不安を読み取り、それを教育目標に高め、試行錯誤をしながら実践を重ねていく。子どもは、自分のねがいや葛藤が共感的に受け止められることによって、主体性を育んでいく。外から目標を押し付け、「主体的に頑張れ」「創造的でないと生き残れない」とするような追い込み方で、本当に主体性は育つのだろうか。

3.「ゆれ」「ゆらぎ」のねうち

前節で、子どものねがいをつかむことが発達保障の出発点であると述べたが、ねがいがうまれることによって不安や葛藤も生じる。発達とは、こうした不安や葛藤も含め、様々な「ゆれ」「ゆらぎ」[2]を伴う過程である。しかしながら、わが国では、右肩上がりの発達観がこれまで、そして今日においても支配的であり、「できることが増えること」「テストでより高い得点を出すこと」が発達であるという見方が一般的である。子どもの葛藤に寄り添うべき教育の場においても、獲得の結果としての能力には目を向けるが、その過程で生じる「ゆれ」「ゆらぎ」に対しては往々にして否定的である。また、昨今、教育や福祉の分野にどんどんと入り込んできているPDCAサイクル[3]は、こうした「ゆれ」「ゆらぎ」を真っ先に排除しようとするシステムではないだろうか。

ここではまず、「ゆれ」「ゆらぎ」が子どもの発達において重要な意味をもっていることについて触れたい。田中昌人（1981）は、4ヶ月児が、一時的に笑わなくなったり、声を出さなくなるなど、一見、後退しているかのように見える現象に着目したが、実は、次の乳児期後半への質的転換期に向かうための「新しい力」が発生しているからだと指摘した。

また、生後6、7ヶ月頃になると、目の前に出されたおもちゃにスムーズに手をのばし、口にもっていったり、両手でもちかえて遊ぶことが増える。しかし、乳児の目の前に、積木と人形など2つの異なる玩具を提示すると、6、7ヶ月頃では、視野に入った玩具に躊躇なく手をのばすが、8ヶ月頃から逡巡が強まる。手をのばしかけたけど、「なんだ?」とばかりに人形をじっと見て手をひっこめる、2つが違う玩具であることに気づいて何度も見返してから、気になる方にそっと手をのばす…といった具合である。こうした逡巡は、外界の違いや変化に敏感になってきたからであり、ひとみしりや夜泣きなどの「8ヶ月不安」といわれる姿、母親など特定のおとなへの愛着にも結びついていると考えるが、それは、乳児自身が外界をより深くとらえはじめたからであろう。

さらに、2、3歳頃になると、明らかに「できる」ことであっても取り組もうとしない姿が増える。おとなからみればもどかしい姿であるのだが、それは、1歳児では見られなかった「できなかったらどうしよう」「失敗したらどうしよう」という不安や、「かっこいい自分をみせたい」という思いなど新たな心の動きが生じているからだと考える。こうした「ゆれ」「ゆらぎ」があるからこそ、それを乗り越えたときの喜びもより大きくなる。

4．〟閉じたがんばり〟は「ゆれ」「ゆらぎ」を許さない

「ゆれ」「ゆらぎ」は、ライフステージの変わり目においても強まりやすい。とりわけ思春期から始まる青年期は、古い自分を崩して新しい自分をつくろうともがく時期であり、それは障害のある場合も同様である。以下にとりあげるのは、知的障害と自閉症スペクトラム障害をあわせもつ青年の事例である。

Aさんは、幼いときからエネルギッシュで体力もあったが、思春期に、パニックが増え、生活リズムも乱れるようになった。特別支援学校で学んでいたAさんは、高等部から全寮制の学校に転校した。そこは、規則正しい生活リズムと規律を重んじ、体力づくりと作業に熱心に取り組む学校で、Aさんは運動でも作業でも「真面目でがんばり屋」という評価を受ける。卒業後、Aさんは作業所に通い始める。学校時代と同じく、職員の言うことにきっち

り従おうとするため、スムーズに新しい生活が始まったかに見えたが、ある日、睡眠不足で朦朧としながらも作業を続けようとするAさんの姿をみて、職員は、「真面目でがんばり屋」という評価は間違いなのではないかと考え始める。そして「しんどいときは休憩していいんだよ」と声をかけることから、試行錯誤の実践がはじまった。

暑い夏の日、Aさんがふとんにもぐりこんだまま起きてこないと母から連絡が入った。職員が行くと、「ネル！」「イカナイ！」「仕事イヤ！」とはっきり拒否をしたそうだ。職員は、ようやく彼の本心を聞けた、ほっとしたような気持ちになったと言う。Aさんにとって、本心を言っていいんだという安心感、信頼感の芽生えだったのだろう。その後、登所できない日々が続く。職員はときどき様子を見にいくものの、「行こう」「仕事だよ」という声かけはしなかった。亀のように固まっていたAさんだが、ある日、ふとんの中でゴソゴソ動き、職員の様子を窺っているようであった。さりげなく「荷物がたくさんあるから、手伝ってくれないかなあ」と声をかけたところ、「イイヨ」と言ってガバッと起き上がる。そばにいても「○○しよう」と言わない職員に対し、徐々に自分から気持ちを向けていったのだろう。Aさんの呼吸にあわせるようなやりとりのなかで、自分で一歩を踏み出す日になった。

その後、急な環境の変化があり、再びふとんにもぐりこむことになったが、職員は、さらにゆっくり時間をかけて、自分から出てくるのを待った。そして、冬を迎える頃、彼は作業所の外出活動に参加した。他のメンバーと一緒に餃子定食を食べたそうだが、よほど美味しかったのか、翌朝、自分でコンビニに餃子を買いにいったそうだ。仲間と一緒に食べたこと、自分で決めて参加できたこと、いろいろなねうちをもった美味しさだったのだろう。それから数年は、特定の曜日だけ通所し、その後、毎日通うようになる。特定の曜日だけ通所するのは、自閉症であるがゆえの「こだわり」のように思えたが、周囲の指示に応えるのではなく、自分で自分の生活を組み立てようとしていたのではないかと察する。

Aさんのように、思春期から青年期にかけて、一見、退行とみられる現象を示すことはよくある。パニック、自傷、ひきこもり、拒食等の姿としてあらわれることも少なくない。それは単に障害による特徴なのではなく、青年期における新しい社会的関係のなかで、自分を作り直すプロセスで生じていることも多い。こうした「ゆれ」を乗り越えることを、親であっても職員であっても肩代わりすることはできない。Aさんも自分の力で乗り越えていったわけだが、そのためには、待ってくれている人の存在が必要であった。その「待つ」という役割を、親や家族だけに委ねてしまうのは間違いであろう。多くの場合、親はそれまでの歴史のなかで、子どもの思いをくみとり、一緒に解決してきている。子も親だからこそ、自分の「ゆれ」をわかってくれるはず、何とか解決してくれるはず、という思いをもっていることが多い。だからこそ、そこに少しでもズレが生じると、怒りや不安が増大しがちである。あるいは、互いに「待てない」関係になりがちである。親ではない、しかし本人にとって信頼できる第三者の存在が必要なのである。しかしながら、日本では、『我が事・丸ごと』地域共生社会の名のもとに、まずは「自分で頑張れ」「家族で頑張れ」、それで難しいところは地域社会で、それでもどうしても難しい場合だけ公的支援をという流れがますます強まっている。そうした自己責任論は、青年たちが多くの人やシステムの力を借りながら自立していく過程を妨げることになりかねない。障害は個人や家族の問題ではなく、社会との関係のなかでつくられる面が強い。本人も家族も安心して生活できる環境があるからこそ、おとなになっていく一人ひとりのかけがえのないプロセスを応援することができるのだと考える。

また、「力には力で」「ダメなことはダメ」という強い指導が学校で行われてきた結果、自己形成に歪みや遅れをひきおこしていることもある。幼児期、学齢期も含め、本人が自分の生活、そして人生の主体になりゆけるような教育や生活のあり方を問い続けていく必要がある。そうした強い指導ではなくても、「子どもの将来のため」を願うがあまり、「学校に入学するまでに」「卒業するまでに」「就職するまでに」と時期を区切って結果を出そうとするような〝閉じたがんばり〟に陥ることがある。それが、必要な「ゆれ」「ゆらぎ」を封じ込めてしまうことはないだろうか。あるいは、個別の機関だけが努力しようとするような〝閉じたがんばり〟が、結果的に子どもたちを追い込んではいることはないだろうか。ＰＤＣＡサイクルや〝閉じたがんばり〟では、そもそも「ゆれ」「ゆらぎ」に気づけなくなってしまう危険性もある。発達に必要な「ゆれ」「ゆらぎ」が大事にされるためには、ライフステージ間、機関間の連携とあわせて、支援の場に「間」「ゆとり」が不可欠である。

5．対話の重要性

では、障害の重い人たちのねがいをつかむためにはどうすればよいのか。彼らは、必ずしも思いを自ら発信するわけではない。ことばを発することをせず、表情の変化すらわかりにくいことも少なくない。限られた生活空間や人間関係のなかで、あるいは残念ながらも本人に合った教育が保障されてこなかったがゆえに、そもそも要求がつくられていなかったり、きわめて狭いものになってしまっていることもあるだろう。また、本人が自覚していないねがいもある。自覚していないねがいを読み取るためには、発達、障害、生活といった多面的な理解をくぐる必要があるのだが、それが、支援者側の思い込みであってはならない。びわこ学園初代施設長の岡崎英彦は、常に「本人さんはどう思てはるんやろ」と口にしていた。職員側がよかれと思う支援をするだけではなく、本人はどう思っているのかを常に考える必要がある。そこでは対話が不可欠となるが、その対話には、障害のある人との対話、支援者同士の対話、自分自身との対話の3つがあると考える。

まず、障害のある人と支援者との対話について考えたい。対話とは、それぞれの人格の対等な関係において成立する行為である。「支援する＝支援される」という関係のもとで、「聞いてあげよう」という姿勢では対話は成立しない。しかし、それは決して容易なことではない。筆者自身、これまで障害の重い子に出会うなかで、「わかってあげよう」としたときにはコミュニケーションにならない苦い経験をたくさんしてきた。「わかってあげられない」と焦る気持ちになったとき、ふと、その子が見ているものを一緒に見たり、首を動かしたときに一緒に首を動かすと、目線を送ってくれたり、手をさしだしてくれたりすることが幾たびかあった。「呼吸があった」と実感できる瞬間でもあったのだが、後から振り返ってみると、実は、子どもの方も一所懸命にこちらを理解しようとしてくれていたのではないかということに気づいた。その子にとって相手（筆者）が少しわかったと思えたときに、ようやく気持ちを向けようとするのではないか。それからは、「理解しよう」「わかってあげよう」とするよりも「あなたのことを教えてほしい」気持ちをもつこと、「あなたから私はどう見えているのかな」と考えることを大切にしてきた。もちろん、知的障害が重く、ことばをもたない人の場合、ことばや意味で相手や状況を理解するわけではない。しかし、それぞれにもっている五感を使ってとらえようとしているし、ことばや意味ではないからこそ誤魔化しがきかないと感じることも多い。だからこそ、支援者も、意味だけに頼るのではなく、五感を働かせること、感受性を研ぎ澄ますことが必要となるのだろう。また、相手のことを理解しようとしてもうまくいかないときに不安になるのは、支援者だけでなく、障害のある人も同じである。不安になって、眠りこんでしまったり、パニックや自傷、他傷、その場からの飛び出しになることもある。それに対し、「障害があるから」と障害による特徴づけで片づけてしまったのでは対話にはならない。

　また、対話を強調するあまりに、本人と支援者との閉じた関係にはまり込んでいないか留意する必要がある。ねがいや感情をよみとり、ときに代弁することは重要なのだが、そこだけに向き合いすぎると、逆に見えなくなってしまうことも多い。誰もが、相手が自分だけを見ている、自分の一挙手一投足に敏感になっていると思うと、逃げ出したくなる。熱心な支援者であるほど、子どもに向き合いすぎ、結果的に子どもの主体性を奪ってしまうことがある。ほどよい「間」を意識することが重要であると同時に、支援者との閉じた関係に陥らないよう、仲間同士の関係、外の世界といった「開かれた関係」を常に問い続けていくことが必要であろう。

6. 支援者間の対話

　次に支援者間の対話について考えたい。一人に見えることには限りがあり、一面的理解に陥りやすいのは言うまでもない。障害の重い人の思いを読み取るとき、支援者同士の対話から気づかされることは少なくない。また、そもそも実践に正解はなく、多様なアプローチがあってよいのだが、大切な軸を見失わない必要がある。しかし、対人援助において大切にすべき実践の軸は、マニュアルで規定すれば簡単に共有できるといったものではないだろう。近江学園の職員でもあった田中は、指導者集団における「多様な一貫性の保障」が必要としたが(4)、ゆたかな多様性と一貫性を統一的に追求するためには支援者間の対話が不可欠である。そもそも人間は多面的な存在であり、いろいろな顔をもっている。障害のある人も、相手や場によって異なる顔をみせるのは当然なのだが、支援方針を統一させようとするがあまり、いつも同じ「顔」を求めていることはないだろうか。

ある施設で、作業所（生活介護型）で日中支援をしている職員と、くらしを支援するホームの支援者とが一緒に参加する学習会を行なった。グループワークで、ホームの支援者が、知的障害と自閉症スペクトラム障害のある入居者の女性が、毎日のように、ゴミを集めたり、壁紙を破いたりというこだわりを強くみせ、そのたびに叱ったり止めたりせざるを得ないことが多く、支援者として自己嫌悪に陥ってしまうという悩みを打ち明けた。その女性は、日中の作業所でも、そうしたこだわりを強くみせてきたのだが、職員間で何度か話し合うなかで、こだわりだけで彼女をみないこと、「こだわりにこだわりあわないこと」を、職員集団が感覚的につかんできていた。ただ日中は、職員が複数おり、活動の目的がはっきりしており、ダイナミックに日課や集団が動いているため、本人が行動を切り替えるタイミングも多い。それに比べると、くらしの場は、日中ほど日課が明確ではなく、何よりも支援者が一人になると、互いに気持ちや行動を切り替えにくくなることが多い。また、家庭がそうであるように、安心できるくらしの場であるからこそ、「素のままの自分」が出やすいということもあるのだろう。

グループワークでは、様々な場面での彼女の姿を出し合うこととあわせ、そうした、くらしの場での支援が抱える困難さについて共感しあった。そのなかで、作業所からホームに帰る際に「今日（の支援者）ハダレカナ」と楽しみにしている姿が出され、また、ホームの中でも「こだわり」だけでなく、他の入居者の世話をしたり甘えたりする「ほほえましい姿」があることを共有し、悩んでいた支援者も笑顔になっていった。支援の悩みを出し合い、共有されるだけで、見え方が変わることはよくある。「明日からはこういう具体策でのぞみましょう」という支援の方策を明確につかんだわけではなくても、会議の直後から明るいきざしがみえてくることも多い。

さらに言えば、くらしの場であり、支援者との関係も密になるからこそ、彼女も「こだわり」を出せているのかもしれないという見方もできる。日中の職員は、「こだわりにこだわりあわないこと」を感覚的につかんできたと書いたが、もしかしたら、「こだわり」だけでなく、要求やねがいもスルーしてしまっている可能性がある。これは、ベテラン職員と若い職員の間でも起こり得る。ベテランになると、コツやカンでつかむことも多くなり、適度な距離のつくり方も絶妙になる。しかし一般的に若い職員は、そのコツやカン、適度な間がつくれずに、結果的に本人に関わりすぎてしまいやすい。それが「こだわり」を強めさせることにつながってしまうこともある。一方で、そうした若い職員に対して、いつもは諦めてしまう要求をとことん出してくるということもある。「最近、若い時ほど要求を出さなくなったなあ、おとなになったのかなあ」と思っていた利用者が、新人職員とのかかわりで、もう一度強く要求を出すようになり、「おとなになったというより、諦めさせられていたんだ」と気づかされたという例もあった。

7. 自分自身との対話

糸賀は、54歳で亡くなる直前の最後の講義（1968年、滋賀県児童福祉施設等新任職員研修会）で、「精神薄弱児というのは、価値的にはゼロであるという見方でしか見ないような大人の人たちがたくさん世の中にはいる」し、そういう「かたくななカサカサの」見方が施設職員にも影響を与えていることを直視し、そういう見方から「解放されるということが大切」であること、そして、そのための「自分自身との対決」が、専門職の「大きな魅力になってこなければウソ」だと語った（糸賀 2009:22-23）。19人もの尊い命を無残に奪った相模原事件の加害者は、「生産性のない人間は生きる価値がない」等と言い、その考えに賛同する声が少なからずあることに多くの人はショックを受けた。「かたくなでカサカサした」見方は、糸賀の死後、50年がたった今も克服されていないばかりか、当時よりももっと表に見えにくいところで鬱屈した形で沈殿しているようにも思える。「生産性」とは何か、人間の価値とは何かを考え続けていく必要があるが、同時に、「かたくなでカサカサした見方」はともすると、無意識のうちに誰の心にも入り込んできている可能性があることにも目をつぶってはならないだろう。自分の見方、価値観を問い直し続けるために、たゆまぬ努力をし続けなければならない。

〔しらいし　えりこ〕

注

（1）近江学園設立とその後の経過については髙谷清（2005）が詳しく紹介している。

（2）「ゆれ」と「ゆらぎ」の違いについては、明確に定義しているわけではないが、「ゆれ」が目に見える動揺や葛藤であるのに対し、「ゆらぎ」は目には見えにくい、内部的な逡巡などもさす。ここでは、「ゆれ」「ゆらぎ」と並列して表記する。

（3）Plan（計画）-Do（実行）-Check（評価）-Action（改善）を繰り返して改善を進める考え方。

（4）田中（1974）は、近江学園での1969年の討議のなかで「指導者集団による民主的で多様な一貫性の保障」の必要性を確認したとしている。

文献

青木嗣夫『未来をつくる教育と福祉』文理閣、1997年。

糸賀一雄『福祉の思想』NHKブックス、1968年。

糸賀一雄『糸賀一雄の最後の講義―愛と共感の教育―［改訂版］』中川書店、2009年。

佐貫浩『学力・人格と教育実践』大月書店、2019年。

白石恵理子『障害のある人の発達保障』全障研出版部、2018年。

髙谷清『異質の光』大月書店、2005年。

田中昌人『講座　発達保障への道③』全障研出版部、1974年。
田中昌人『子どもの発達と診断 1 乳児期前半』大月書店、1981年。

筆者を囲む対話の試み

白石恵理子さんは2019年6月15日に行われた第14回総合人間学会シンポジウム「いのちのゆれの現場から実践知を問う」のパネリストの一人として講演を行った。論考はこの講演に基づいている。

シンポジウムでは実行委員会から、「3つの問いかけ」が提案され、パネリストはそれに応えることを意識して話をされた。その「問いかけ」は文末に掲載した。講演ののち、パネリストを囲む分科会が行われた。読者との誌上での対話を進めるために分科会の様子をお伝えしたい。これは当日分科会の司会を務めた片山善博さんのまとめに基づいている。

1：報告の中で印象に残った事例、考え方、言葉をあげてください。

「生産性」ということばの意味をどう考えるのか。また、対話には、相互生産（変革）性があり、「おしつけ」と「引き出し」の分かれ目を見ていくことが重要。「生産性」「間」という言葉が印象的。障害児と子供が主人公なのである。生産とは、発達のゆれのことではないか。コミュニケーション、傾聴、聴く力が印象的。

2：「3つの問いかけ」についての報告を聞き、またご自身の経験に照らしてどのようなことを考えましたか。

対話という方法の意味について考えさせられた。「その人らしさ」「かけがえのなさ」は何か。私の専門はサルトルだが、今回の報告は、使える話が所々あった。例えば、「間」とはサルトルの自由のことか。

3：グループ討論で深めたいテーマをあげてください。

「生産性」とは何か、二つある。一つは、自然に働きかける「生産性」（市場交換商品）と生きる「かて」として、もう一つは関係に働きかける「生産性」として、こうした視点から生産性を考えるべき。実証可能な「生産諸関係」をどう考えるべきか。障害者の自己責任について どう考えるべきか。障害者も、生産者にならなければならないのか。人間としての生産、価値をどう考えるべきか。障害と人間の総合的理解について。出生前診断をどのように評価するか。うまれる前の選別を、出生後の障害者の「ゆれ」に対応するゆとりを社会にもたらすためのものしてと評価するのか、それとも出生前と後の線引きはできるものではなく、障害者差別を助長することになるのか。

4：全体討論で深めたいテーマをあげてください。

人間の認識の限界と人間の総合的理解との矛盾をどう考えるべきか。社会性を持った生き物としての直観・共感を支援する方法とは。こうした実践やその理解を通して、どのような総合知が求められるのか。

司会者の感じたこと

参加人数は少なかったが、その分しっかり議論ができたのではないか。特に生産性の概念について、参加者がそれぞれの視点から、活発な意見交換をした。障害者の生産性については、その言葉からネガティブな印象を受けるが、他方で、その概念の捉え方によっては豊かな関係性をもたらす可能性もあるのではないか。グループ討論では、障害者をめぐる生産性や「支援するもの―支援されるもの」との関係、支援をめぐる対話が取り上げられたが、「いのちのゆれ」を組み入れることによって、柔軟で開かれた実践のかたちが示されたのではないだろうか。

3つの問いかけ

①地域医療、災害ボランティア、障害をもつ人の発達保障、「いのちの電話」の活動などにおいて「いのちのゆれ」をどのような時に感じますか。それはどのような意味をもっていると考えますか。（いのちのゆれの意味）

②様々な対人支援の場における当事者主体と支援者との関係のあり方、役割はどのようなものでありたいと思いますか。その関係性の構築にはどのような課題があると考えますか。（当事者、支援者の関係性の課題）

③あなたにとって対話的実践とはどのような活動を意味しますか。その実践においてはどのような課題があると考えますか。（対話的実践の意義と課題）

「臨床宗教師」誕生が意味するもの

大菅俊幸

はじめに

筆者は公益社団法人シャンティ国際ボランティア会（以下、シャンティ）の職員として約20年にわたって活動してきた。現在は専門アドバイザーとして関わり、曹洞宗総合研究センターの講師もつとめている。

まず、シャンティがどんな団体なのか、簡単に紹介したい。シャンティは、１９８１年からアジアの国々で教育・文化支援の国際協力に取り組んでいる公益市民団体（ＮＧＯ）である。当初は曹洞宗ボランティア会としてスタート。２０１１年に公益社団法人として改組し、現在に至っている。カンボジア、タイ、ラオス、ミャンマー難民キャンプ、ミャンマー、アフガニスタン、ネパールにおいて現地事務所を開設して活動している。１９９５年の阪神淡路大震災後は本格的に災害救援活動にも取り組み、２０１１年の東日本大震災後も、岩手、宮城、福島に事務所を構え、長期的に支援活動を行った。この団体において、筆者はとくに臨床仏教という観点から、ボランティア活動、社会貢献活動のあり方について探究してきた。

さて、東日本大震災後、「臨床宗教師」という新しい宗教者のかたちが生まれた。これは震災後の切実な状況から必要に迫られて生まれたものであり、これまでの宗教者のイメージを一新するものと言える。そこで、この新しい宗教者の誕生が意味するものを受けとめ、この時代に必要とされているものは何なのか。本学会の第14回研究大会のテーマでもある総合知、実践知、臨床知という観点も含めて考察してみたい。本稿を現場に立つ者の活動報告、問題提起と受けとめていただければ幸いである。

1．東日本大震災が問いかけたもの

東日本大震災は、戦後日本の経済成長、効率主義の価値観、町づくりのあり方、科学技術信仰、そして人々のライフスタイルや死生観などを根源から問い直さざるを得ない状況を生み出した。そして、この状況のなかで、いかに生き、いかに死を迎えるか、そして、愛する人を喪失した後、いかに生きるか、また、そのような人をどう支えるか。そのような、人生の最重要課題が大きく姿を現したように見える。

それは、被災地での活動の中で、われわれも実感したところである。こんなことがあった。2011年7月のある日、気仙沼市本吉町出身の一人の女性が当会の気仙沼事務所を訪ねて来た。そしてこう言った。

「私の弟夫婦が、津波で子どもを亡くし、気落ちして、今も何も手がつかずに苦しんでいます。親を亡くした子どもは注目されますが、子どもを亡くした親のことは注目されません。何とか、子どもを亡くした親のための集いをやってもらえないでしょうか」

これはとても重い言葉であった。当会はその方面に関する専門的な知識や技術を有する団体ではないのだが、何とか力になれないものかと検討を始めた。しかし、それが早いか、その女性はご自身で、仙台の自死遺族の会と直接コンタクトをとって協力をとりつけ、集いの開催まで漕ぎ着けることになった。当会は運営のサポートに回り、2011年の8月、「震災遺族の会」として、第1回の集いを行うことになった。最初の参加人数は13名。その後、会の名前は「つむぎの会」と変わり、毎月、第1日曜の午後1時から5時まで、場所も本吉の公民館で行うことが定例化していった。

特筆したいのは仙台の自死遺族の会のアドバイスによって一人の僧侶に関わっていただいたことである。これまでシャンティと縁のあった佐藤良規住職（岩手県一関市・曹洞宗藤源寺）に依頼して、3回目からの参加となった。佐藤住職によると、当初の参加者の様子は、お互いの辛い胸のうちを披瀝し合い、憔悴しきっていて見ていられない状況であった。「親より先に亡くなるというのは、その子は親不孝だと言われてしまいました」「菩提寺の和尚さんに、あの世で子どもはさらに苦労しているのだと言われて、津波で死んだだけでもかわいそうなのに、あの世に行ってもどうしてそんな目に遭わなければならないのでしょうか」等々。次々に憤懣やるかたない思いを佐藤住職にぶつけてきたという。「自分が僧侶なので、それまで誰にも話せなかったことを打ち明けたようです。宗教者だから、僧侶だからできることがたくさんある。それだけの重みと責任を僧侶はもっと自覚しなければなりません」。佐藤住職はそのように語っていた。

その後、2016年の3月ごろになると、参加者に変化が見られた。「あれから5年過ぎるのに、まだ息子のアルバムが開けられない」「子どもの同級生だけが大人になっていくのが不思議な気持ちです」「いろんな思いがよみがえって胸がいっぱいになるから、まだ言葉にはできない」。そう語る一方で「自分のように苦しんでいる人がいたら、自分も少しでも助けになれるかもしれない」と言えるようになっていた。以前は、精神的に落ち着かず、周りに反発の気持ちをもっていたのに、前向きに生きようとしていることが感じられ、「驚くべき変化でした」と佐藤住職は語る。

こうして私たちは、「つむぎの会」を通して、不条理な突然死に直面すると、その人の心の傷はいかに深いか、そして宗教者の支援や宗教者とのチームワークがいかに重要であるかを肌で感じることとなった。

2. 「臨床宗教師」とは何か

その意味で、この震災を機縁として「臨床宗教師」という新しい宗教者のかたちが生まれたことは画期的なことであると考える。

「臨床宗教師（interfaith chaplain）」とは、「被災地や医療機関、福祉機関等の公共空間で心のケアを提供する宗教者」をさす（日本臨床宗教師会ＨＰ）。

「臨床宗教師」というものがなぜ生まれたのか。その経緯が重要と思うので、まずそれについて紹介したいと思う。それにあたっては、岡部健という一人の医師のことに触れなければならない。この人がいなければ「臨床宗教師」というものは誕生しなかったからである。

岡部氏（1950〜2012年）は、仙台出身の医師であり、東北大学の医学部を卒業後、静岡の病院、東北大学、がんセンターなどで勤務し、肺がんのスペシャリストとなった。しかし、病院の限界を感じてもいた。治らないと診断された患者さんを専門に看ようとする医者がいるわけではなく、それに末期がんの多くの患者さんは自宅で治療を受けたいと思っている——。そこで、思い切って決断した。「自分は在宅ケアをやろう、末期がんの方々を死ぬまでお世話しよう」。岡部医師は病院を辞して、名取市に岡部医院を立ち上げ、在宅緩和ケアを始めることにした。

そして、在宅緩和ケアに取り組むようになって気づいたことがあった。「お迎え」の体験者が少なくないことである。「お迎え」とは、死に臨んで、すでに亡くなっている人や、通常見ることのできない事物を見る体験のことである。この「お迎え」の体験をした患者がほぼ例外なく穏やかな最期を迎えることに着目し、岡部医師は2002年から三度にわたって、遺族を対象に調査をしたことがある。その結果、ほぼ40％の人が「そういうことがあった」と答えていたという。その成果を論文にまとめて発表もしているが、これは日本だけではなく、海外にもある現象だという。

このようなことを紹介すると、いかがわしい、と見る向きもあるかもしれないが、岡部医師はこのように考えていた。「あの世があるかないかの議論ではないのです。辛い苦しい思いを安心に変えるのが大事なのです。あの世につながるのだと思って安心して逝けるなら、本人にとっても家族にとってもそれでいいのではないでしょうか」——。

その後、岡部医師自身が、がんを発症し、末期の胃がんであることがわかった。そして、自分ががんになり、ケアされる側になってわかったことがあった。それは「〝死への道しるべ〟というものがない」ということであった。

それがないために患者さんたちがいかに苦しかったであろうかと今にして思われた。

今まで歴史上、そういうものがなかったわけではない。かつては、その道しるべの役割を果たしていたのが宗教である。「しかし、死んだ後どうなるのかなど、医者にはどうにも対応できないことである。そういう宗教者が必要だ。西洋にはチャプレンというものがあるが、どうして日本にはそういう存在がいないのだろうか」。そう考えて岡部医師は新しい宗教者像の模索を始めた。チャプレンとは、病院などで心のケアを行うキリスト教の聖職者のことであるが、医療だけではなく、福祉、教育、軍隊、警察、消防、刑務所、企業など幅広い分野に関わっている。

その後、東日本大震災が発生。それが岡部医師の背中を強く押すこととなった。こんなことがあった。岡部医師の部下にあたる訪問看護師が看護のため老夫婦のお宅を訪ねていた時、津波に巻きこまれて亡くなってしまったのだ。老夫婦を助けた後のことであった。その後、岡部医師が現場に立った時、心から強い思いが突き上げてきた。「彼女（看護師）は逃げることもできたのに逃げなかった。それは個としてのいのちではなく、もっと大きな人間の群れとしての命を守ろうとする行動だったんじゃないか。彼女は亡くなったのではない。大いなるいのちに帰っていったんだ」。身体を稲妻が通り抜ける感覚を覚えたという。

被災地では幽霊を見たという人が二、三割いるといわれる。しかし精神異常にされかねないから他人に言おうとしない。それでも不安でこわいから僧侶に相談している。「やはり、チャプレンのような存在が必要だ」。その思いを強くした岡部医師は「心の相談室」を設置して、研究者や有識者とともに本格的に検討を始めた。そして、日本の風土、宗教的土壌に適合した日本版チャプレンとしての「臨床宗教師」養成の構想を練り上げ、２０１２年、東北大学において実践宗教学寄附講座という形で具体的な一歩を踏み出すことになった。

しかし、岡部医師は、その実現を待たずに、２０１２年、病いによって旅立つこととなった。62年と６ヶ月の人生であった（以上、多くを奥野修司『看取り先生の遺言』文藝春秋、に拠っている）。

3．臨床宗教師の特徴

こうして、欧米のチャプレンをモデルとして、日本型のチャプレンとして生まれたのが「臨床宗教師」ということになる。

チャプレンというのはキリスト教が前提となっているもので、欧米ほどにキリスト教が浸透しているわけではない日本にそのままあてはめるというわけにはいかない。日本の風土、宗教的土壌というものを考え、現代日本の宗教と社会の関係に適合したかたちにすべきであると考えて、こういうかたちが生まれた。

たとえば、僧侶が僧衣をまとって病院に行ったなら、「なんだ縁起でもない」ということになってしまいかねない。そこで、曹洞宗の僧侶とか、プロテスタントの牧師といった、特定の宗派や宗教を超えた宗教者のあり方が必要と考え、「臨床宗教師」という新しい宗教者のかたちが実現したのだ。

そのような臨床宗教師には、次のような特徴があると言える。

○公共性を担保した宗教者。

○医療者や福祉関係者など、他の専門職と連携し協力する事を前提としている。

○医療などの合理的世界と、宗教のような非合理的世界を結ぶ架け橋となる。

公共性を担保するとは、基本的に布教伝道はしない、ということである。自分の所属している教団、宗派の教義を押しつけることはしないし、自分の考えを押しつけることもしない。それについては不思議に思われる向きもあると思う。つまり、宗教者というのは布教や伝道をするのが当然、という通念があるからである。しかし、臨床宗教師は、相手を布教や伝道の対象とみるのではなく、何より、苦しみを抱えた一人の人間として、その人をその人と受けとめ、寄り添うことを大事にする、というのが基本姿勢である。ただ相手が求めてきたならば、教義的なことを伝えるし、儀礼も行う。これが臨床宗教師の共通認識である。

ある意味で、これが臨床宗教師の特徴を端的に言い表しているのかもしれない。つまり、これまでの宗教者は自らの所属する宗教宗派の教義を説いて、相手を自らの宗教、宗派の教えに引き寄せる。いわゆる、それが布教や伝道ということになるわけであるが、そうではなく、宗派や教義というものを超えて、相手の中に飛び込んで、相手の苦悩や困難に寄り添い、相手がその試練を引き受けて自分の力で元気に生きていけるように手伝うのが臨床宗教師ということになるからだ。

4. 臨床宗教師と宗教者

では、これまでの通常の宗教者と臨床宗教師はどう違うのか、もう少し詳しく整理してみると次のようになる。

□臨床宗教師	□（通常の）宗教者
○信徒以外の相談に応じる	○信徒の相談に応じる
○布教伝道を目的としない	○布教伝道が目的

○スピリチュアルケア、宗教的ケア、教化活動の違いを意識する
○宗教協力を前提とする

○スピリチュアルケア、宗教的ケア、教化活動の違いが区別されにくい
○宗教協力に積極的だとは限らない

谷山洋三（東北大学准教授）「スピリチュアルケア師と臨床宗教師」より

通常の宗教者は、信徒の相談に応じるわけであるが、臨床宗教師は信徒以外の相談にも応じる。そして通常の宗教者は布教伝道を目的として関わるが、臨床宗教師は布教伝道を目的としない。筆者自身、被災地で感じたことでもあるが、死に関する苦悩について相談したい時、相談したいのは、宗教者であり、僧侶なのであって、何宗の僧侶であるかは、ほとんど関係ない。

それから、布教伝道をしない、ということに関連するが、通常の宗教者においては、スピリチュアルケアや宗教的ケア（注）や教化活動の違いが区別されにくいが、臨床宗教師はそれらの違いをしっかり意識する。布教伝道にならないように、押しつけにならないように慎重に配慮する。

それから、通常の宗教者の場合、宗教や宗派を超えた宗教協力に積極的だとは限らないが、臨床宗教師の場合は、宗教協力が前提である。

5. 臨床宗教師の養成

こうして臨床宗教師を養成するための研修、講座が開設されたのだが、どんな研修が行われているのか、その内

容と意義について簡単ではあるが体験をもとにお伝えしたい。

まず、研修の内容についてであるが、筆者は2105年5月から7月まで行われた東北大学実践宗教学寄附講座の第7回臨床宗教師研修にオブザーバーとして参加した。その時の体験を少しお伝えしたい。参加者は、仏教、キリスト教、神道、立正佼成会、天理教に属する宗教者、19名であった。参加資格が「信者を指導する立場にある宗教者」ということなので、それに該当しない筆者はオブザーバー参加となった。

この時は、2泊3日（1回）、1泊2日（2回）の合宿（全体会）と、その合間に各地で行う分散実習から成り、3ヶ月でひと通り完結するカリキュラムとなっていた。全体会は石巻や仙台の寺院を会場として行われ、1回目の全体会では、各種講義や被災地の追悼巡礼、傾聴実習、ロールプレイなどが行われた。

その後、各地で医療機関での実習を体験。翌月の2回目の全体会では、その体験を持ち寄って実習を振り返り、「会話記録」のセッションを中心にグループワークや講義が行われた。さらに各地で実習を重ね、3回目の全体会に臨み、終了式を迎えることとなった。

この体験を通して、この臨床宗教師研修の意義について、筆者は次のように感じている。

研修修了の時、最後に、一人ずつ研修を振り返って感想を語り合う時となったが、ある参加者はこのように語っていた。

「最初、超宗派での研修ということで、どうなるのか少し心配だったのですが、それが大事なんだと思いました。みんな宗教者として何かしなければならないと危機感をもっておられて、それに触発されました。今のままではだめだと自分の現状が見えてきて、少し変わったなと、自分でも感じます。ありがたかったです」

このように他宗教や他宗派の人々と交流できたことの歓びを語る人が少なくなかった。自身の信仰心、宗教心を見つめ直す絶好の機会となっているようだ。臨床宗教師の研修は、他宗派、他宗教の人々と交流することを通して、他宗派、他宗教の良さを学び、自分の属する宗派、宗教を見直す機会ともなっていると感じた。

それから、コミュニケーション能力を磨き、自分自身がどういう人間なのかを知ることも大きなメリットであると感じた。

グループワークなどで、時おり、「自分の心の中でどのように感情が動いているかチェックしてください」と、促されたことが印象に残っている。他者に関わる上で、まして生死にかかわる苦悩を抱える人に接する上で、自分がどのような心のクセをもっていて、どんな心の動きをしているのかを把握し、改善しようとすることは何より肝要なことである。自分の心の傾向に無頓着なままで関わったなら、相手を傷つけたり、落胆させたり、怒りを引き起こしたり、まるで逆効果になってしまう恐れが大いにある。とかく宗教者には、人を導かなければならない、という使命感のせいか、相手を受容するというより、自分の伝えたいことを優先させてしまう傾向がしばしば見受けられる。その意味でとても大切な鍛錬になっていると感じた。

そして、とくに忘れ難いのは、研修の最後に、ほとんどの参加者がこのように語っていたことである。

「こんなに自分を見つめたことはありませんでした」「自分を知ることがとても大切であることがわかりました」。

臨床宗教師は、苦しみを抱える人と出会って、相手の言葉、思いに耳を傾けるわけだが、じつは他人の話に耳を傾け、その気持ちを受けとめることはさほど容易なことではない。自分がどういう人間か、よく認識していないと、他人の話をしっかり受け止め、その気持ちを理解することはなかなか難しい。宗教者であるなら、自分を見つめ、自分を知り、変わろうとする努力は、当然のこととして普段から行っているものと思っていたのだが、それをあまり経験したことがない、ということは、そこが現代の宗教者の鍛錬において手薄になっているところではないか、そして、じつは深刻なことではないのかと思われてならなかった。

また、この研修に参加し、現在、臨床宗教師として活動している一人の僧侶が次のように語っていたことも強く印象に残っている。

「人の死に向き合い、寄り添うことで、人間は死んで終わりではないと感じるようになってきました。その人が亡くなっても大いなるいのちの中に巡っていく。亡き人をちゃんと送ってあげるんだ、という覚悟を以前にも増して心底から感じるようになってきました。供養に向かう自分の気持ちが変わってきたと思います」

これまで僧侶という存在は、一般的には人が亡くなった後、葬儀や法事の際に登場するものであり、死を迎えている人に向き合い、寄り添う存在とはあまり認識されてこなかったかもしれない。しかし、臨床宗教師の必要を提唱した故岡部健医師は、「僧侶が人間が死ぬところを見たことがないというのではおかしい。仏教は、人間が生きる死ぬ、ということを観察して突き詰めるところから始まったのではないか」と、僧侶に対して死の場面に立ち合うことを促していたのだが、まさしく、それに呼応したように、この僧侶も、人間は死んで終わりではなく、大いなるいのちに還るものではないかと感じ始めている。この体験はとても貴重だと思われた。

今でも死後の世界や霊魂のような存在を認めない僧侶は多い。その理由としてしばしば言及されるのが、「仏教は無我を説くものであり、不変の実体は存在しない。ゆえに霊魂などというものは存在しない。論じるべきではない」という説明である。そういう教えを受けているからには、葬儀を行うことに自信がもてないという僧侶がいても不思議はない。

それに比してこの僧侶はじつに対照的である。人間は永遠のいのちとして生き続けているという実感をもち始め、しかも、かなりの覚悟をもって葬儀や法事に臨むようになっている。その違いは何であろうか。やはり〝生老病死〟の現実に誠実に向き合おうとしているかどうかが決定的な違いなのではないだろうか。この研修が「臨床宗教師」の養成であると同時に、これまでの宗教者のあり方を転換する、言わば一種の〝宗教者改革〟にもつながっていることがうかがえる。

6. 臨床宗教師養成の広がり

こうして2012年に東北大学実践宗教学寄附講座として始まった臨床宗教師養成講座は、その後、下記のような様々な大学で開設されている。ただ、その研修内容などは、今、上述したような筆者が体験したものと必ずしも同じではなく、それぞれの実情に応じたバリエーションがあるようだ。

2016年には日本臨床宗教師会が発足し、2018年には資格制度が設けられ、2019年3月現在、認定臨床宗教師は171名である。

・2012年度～東北大学実践宗教学寄附講座
・同、日本スピリチュアルケアワーカー協会
・2014年度～龍谷大学大学院実践真宗学研究科
・同、鶴見大学先制医療研究センター
・2015年度～高野山大学大学院
・2016年2月28日　日本臨床宗教師会発足

・２０１６年度～種智院大学臨床密教センター
・同、武蔵野大学仏教文化研究所
・同、上智大学大学院実践宗教学研究科
・２０１７年度～ 愛知学院大学大学院文学研究科
・同、大正大学大学院仏教学研究科
・２０１８年３月５日 （一社）日本臨床宗教師会による資格制度

一方、臨床宗教師の活動範囲は、被災地などでの支援活動ばかりではなく、緩和ケア病棟など医療機関や福祉機関、少年院など、多岐にわたっている。

7．可能性と課題

さて、臨床宗教師の可能性ということを考えてみると、やはり、自分は何のために生きているのか、どのように死を迎えたらいいのか、死んだらどうなるのか、といった人間としての根源的な苦悩、苦痛（スピリチュアルペイン、スピリチュアル・クライシス）を抱えた人に寄り添い、生きる支えになれるところにあると思われる。

ちなみに、ほんの一例であるが挙げてみると、ある臨床宗教師の僧侶のお話であるが、死ぬまでの間、どのように生きていったらいいのか不安だという患者さんから、こじれた家族や親族との人間関係を心配して、どうしたらいいか相談されたこともあるとのこと。それから、お墓や法事はどうしたらいいのか、仏事についての心配を相談されたケースもあるとのこと。臨床宗教師であればこそ果たせるはたらきがあることがうかがえる。

医療関係者からは、亡くなる人のそばに寄り添うだけではなく、緩和ケア病棟などで働くスタッフのケアもしてほしい、という要望もあるという。

看護師として患者さんと接しているうちに、しだいに親しくなるのだが、その患者さんが亡くなった時のショックが大きい。しかし、その悲しみにしっかり向き合えないまま、次の患者さんに対応しなければならない。それが次々に続くうちに、身心ともにどんどん疲弊していくという。それは、救急医療の現場や、高齢者施設でも同じだという。

その他、〝死〟の現場だけではなく、〝誕生〟の現場もきびしいものがあるという。先天性の苦しみを抱えて生まれてくる子ども、流産、死産――。そのような現実にもしっかり目を向けてほしい、という要望も寄せられているという。

臨床宗教師が必要とされている現場が意外に広い領域にわたっていることがわかる。

次に課題について考えてみると、臨床宗教師や、その養成のための仕組みができあがったばかりであって、現場で活躍する臨床宗教師の数も少なく、臨床宗教師についてまだあまり認知されていない現状にある。医療機関と臨床宗教師との連携の仕組みが確立されておらず、臨床宗教師に依頼したいと思っても、現在は、ほとんど人づてでお願いする、という現状にある。今後、改善されていくと思われるが、今のところコンタクトしにくい現状にある。

それから、臨床宗教師としての資質をしっかり担保し、向上することも課題である。活動の途上でさまざまなケースに遭遇する。それにどう対応したらいいのか、さらなる研修や意見交換の場が必要とされる。各地方ごとに地方会が設けられ、定期的にフォローアップ研修が行われているが、その改善、強化も必要とされているように思われる。

8. 臨床宗教師、誕生が意味するもの

こうして、臨床宗教師が誕生した経緯から可能性や課題まで、思うところを述べてきたのだが、ここで、臨床宗教師の誕生が、意味するもの、現代に呼びかけているものについて考えてみたい。筆者は少なくとも次のように受けとめている。

○私たちは、いかに生き、いかに死を迎えるか。そして愛する人を喪った後、いかに生きるか。また、愛する人を喪った人をどう支えるか。そのような人生の最重要課題に真摯に向き合う時代を迎えている。たとえ仮説としてでも、人間は死んで終わりではなく、死後も続く存在である、と捉えた方が人間にとって幸せなのではないだろうか。

○医療者と宗教者の連携が必要とされている。

○とりわけ、これまでの宗教や宗教者の転換が迫られていることを切実に感じる。具体的には次のことが挙げられるのではないだろうか。

（1）教団や教義を優先するのではなく、苦悩する人々に寄り添うことを第一義とする宗教（者）へ。

（2）社会の問題解決に積極的に貢献する宗教（者）へ。

（3）死後の生に真摯に向き合う宗教（者）へ。

（4）深い洞察力とコミュニケーション能力をそなえる宗教（者）へ。

○医療者の転換も求められているのではないだろうか。たとえば、高度な専門知識や技術もさることながら、患者のライフヒストリーも配慮する、よき同伴者、よき対話者としての医療者がさらに必要だと思われる。

9．結び——総合知、実践知、臨床知の観点から

最後に、「臨床宗教師」が誕生したことが意味するものについて、本学会の第十四回研究大会のテーマともなっている総合知、実践知、臨床知という観点から捉え直してみると、少なくとも次のことが浮かび上がってくるように思われる。

□〝総合知〟という観点から

○人間が抱える苦痛を、身体的痛み、精神的痛み、社会的痛み、そしてスピリチュアルペイン（霊的な痛み）からなるトータルペイン（全人的痛み）として捉えることが必要とされている。

これは、何も筆者がここで初めて切り出している考えではなく、すでに1990年代前半に、WHO（世界保健機構）が提起している健康の考え方であり、医療関係者、とくに緩和ケア、ホスピスなどの関係者においては周知の見識である。人間が抱える苦痛というものをこの四つの面からトータルに捉えることが、より切実に、より必要とされるようになってきたのではないか、と感じる。

○そして、宗教や宗派を超えた宗教者の連携、協力も問われている。

○さらに、医療者と宗教者と福祉関係者などとの連携も必要とされてきているのではないだろうか。

□〝実践知〟〝臨床知〟という観点から

時代の動きの中から臨床宗教師という新しい宗教者の必要を感じ、そして実現化していった道筋そのものが、現場に関わる中から得られた認識、知恵（実践知、臨床知）の成果といえる。

人々の困難や苦悩に向き合い、関わる時、人と人は、分断ではなく、統合や連携へのベクトルに向かうのではないだろうか――。

このことを問題提起させていただき、本稿を結びたい。

〔おおすが　としゆき〕

注

スピリチュアルケアと宗教的ケア

スピリチュアルケアも宗教的ケアも、その共通点は、とくに人生の困難、生き方が見出せないような状況（スピリチュアル・クライシス）、つまり失業、離婚、災害、家族や自らの病いや死に直面した状況などで、その人が生き方を見失った状態、その人の根源的なビリーフ（価値観、基盤的信念、信仰）が危機に陥った状態において、ケア対象者の精神生活を支え、生き方を見出していくサポートを行うものである。

ただ、宗教的ケアは、特定宗教のフレームワーク（教義や儀礼）を基盤とし、それが示す、あるべき生き方や精神生活の実践をサポートするのに対し、スピリチュアルケアは、ケア提供者が、自らのビリーフ（信仰や価値観）から自由な形で、ケア対象者内面の自己表現をサポートする。ケア対象者は、基本的に自分自身で自らの生き方を見出していく。小西達也（武蔵野大学教授）「臨床宗教師の倫理」より

臨床宗教師は基本的にスピリチュアルケアを行うが、相手の求めに応じて宗教的ケアを行うこともある。

筆者を囲む対話の試み

大菅俊幸さんは2019年6月15日に行われた第十四回総合人間学会シンポジウム「いのちのゆれの現場から実践知を問う」のパネリストの一人として講演を行った。この論考はその講演に基づいている。

シンポジウムでは実行委員会から、「3つの問いかけ」が提案され、パネリストはそれに応えることを意識して話をされた。その「問いかけ」は文末に掲載した。講演ののち、パネリストを囲むために分科会が行われた。読者との誌上での対話を進めるために分科会の様子をお伝えしたい。これは当日分科会の司会を務めた河上睦子さんのまとめに基づいている。

1：報告の中で印象に残った事例、考え方、言葉をあげてください。

スピリチュアル・ケアー臨床宗教師。個性的な自己実現―価値創造の可能性―成果主義や競争主義や効率主義が一人ひとりを分断や孤立に向かわせること。

公共性を担保した宗教者とはどういうことか、布教伝道しないことの意味、日本の風土や宗教的土壌のなかでの欧米のチャプレンが必要だと常日頃思っていたので興味深かった。

実践現場からの生々しい提起で印象深いものでした。

2：「3つの問いかけ」についての報告を聞き、またご自身の経験に照らしてどのようなことを考えましたか。

関係性の実践知とは。死後生とは。心理的ケアではだめなのか。それぞれの「いのちのゆれ」をそれなりに理解できました。各御報告現場の関係者の努力が可能になる体制作りも課題なのだろうなと推測しました。

3：グループ討論で深めたいテーマをあげてください。

臨床宗教師の日本の現状―緩和ケアにおけるチャプレンと仏教の僧侶の役割の違い。

質問　既存の宗教団体の所属者と臨床宗教師の関係、臨床宗教師の病院との関係、報告者（講演者）と臨床宗教師の資格取得可能性。

社会の問題解決を考えること。スピリチュアル・トータルペインの理解を深めたい。従来の「臨床心理学」「カウンセリング」と臨床宗教師との関係、死生学。（総合人間学会参加ははじめてだが）臨床宗教師のような実践が、総合人間学でどう議論されるかに関心がある。

4：全体討論で深めたいテーマをあげてください。
臨床宗教師の発展、臨床知・実践知・全体知など。

司会者の感じたこと

「いのちのゆれ」の実践知・臨床知・総合知の追求というテーマについて、このシンポジウム部会での対話的討論は、ほとんどが「臨床宗教師」というあたらしい名称の内容に関する質疑応答であった。それは「宗教領域」における臨床知の内容の議論であったように思う。「臨床宗教師」の「臨床知」における「実践知」の意義を問うには、これまでの諸宗教（キリスト教のチャプレンや仏教の「教誨師」など）の「死」および「生」へのかかわり方を踏まえる必要があるからであろう。また今日「いのちのゆれ」の場にたつ宗教家の役割として、例えば、3・11での活動などについての具体的な知識が必要だったからであるように思う。

　臨床知と実践知との間の差異の確認とともに、それらを通した「総合知」には、別の学問的知見や要素が必要であるように思った。

3つの問いかけ

①地域医療、災害ボランティア、障害をもつ人の発達保障、「いのちの電話」の活動などにおいて「いのちのゆれ」をどのような時に感じますか。それはどのような意味をもっていると考えますか。（いのちのゆれの意味）
②様々な対人支援の場における当事者主体と支援者との関係のあり方、役割はどのようなものでありたいと思いますか。その関係性の構築にはどのような課題があると考えますか。（当事者、支援者の関係性の課題）
③あなたにとって対話的実践とはどのような活動を意味しますか。その実践においてはどのような課題があると考えますか。（対話的実践の意義と課題）

「いのちの電話」活動における実践知・総合知の形成

種村完司

はじめに ――「いのちの危機」と電話相談活動

私が鹿児島の地で「いのちの電話」という活動にかかわって、（設立準備と設立後の運営を含めて）31年になる。わが人生の七分の三を占めるまでになった。「いのちの電話」活動は、その主旨を端的にいえば、現代社会の諸分野で頻出している「いのちの危機」と向き合い、自殺の防止を主たる目的としつつ、人々がかかえる深刻な種々の苦悩を少しでも軽減・緩和するための営みである。

日本で１９７１年に「東京いのちの電話」が設立されて以降、またたくまに電話センターが全国各地に拡がり、今日50を超えるまでの組織となり、それらは１９７７年に創立された「日本いのちの電話連盟」を構成している。このように40～50年にわたって全国で展開されている有力なボランティアの組織であり運動ではあるが、その活動の中身や基本精神、運営方法が必ずしも一般によく知られているとはいえない。
私が本稿でとり上げ論じようと思う、この電話活動における実践知・総合知を正しく知ってもらうためにも、やや回り道になるかもしれないが、まずは「いのちの電話」のさまざまな特徴をいろいろな角度から紹介することにしたい。

1．「いのちの電話」での相談者、主題や内容の多種・多様性

電話のかけ手である相談者は、年齢や性別、地域を問わない。中学生の少年少女から後期高齢者までのあらゆる年齢層にわたっており、職業や地域も多種多様である。私の在住する鹿児島は地方都市ではあるが、全国どこからでも相談がある（関東、関西、北九州が多い）。大都会特有の生々しい悲惨な生活・経済問題、ドロドロした人間関係や赤裸々な性文化の実態などが、電話を通して伝えられてくる。とくに数年前にナビダイヤルを採用して以降、この傾向が著しい(1)。

相談や訴えの主題・内容も予想できないほど多岐にわたっている。夫婦の喧嘩、別居・離婚、親子の対立・家庭内暴力、嫁・姑の抗争、近親相姦・虐待、職場でのパワハラ・セクハラ、学校での暴力やイジメ、金融での多重債務や家計破綻、身体的および精神的疾患、自殺の念慮や決行、などなど。すなわち、持ち込まれてくるのは、社会のほとんどの分野―家庭・家族、会社・職場、学校・教育現場、医療・福祉、経済・法律分野など―で発生している出来事をめぐっての訴えや悩みである。

長年の傾向だが、30代、40代男性からの「性（セックス）電話」が多い。実をいうと、露骨で卑猥なセックスの話を聞かされて、少なくない女性相談員が対応に悩んだり、ウンザリして辞めてしまう。また、深夜帯（22時30分〜8時00分）には重篤な「こころの病い」（うつ病、強迫神経症、双極性障害、統合失調症など）をかかえた人たちからの苦悩を訴える電話が多い。

性（セックス）の電話が多いのは、過剰で歪んだ今日の性文化の影響もあるが、青年男女の人間的な出会いや交流機会の減少のゆえに、おおらかであるはずの性意識や性感情の鬱屈・矮小化が進行しているからにちがいない。他方、「こころの病い」に陥っている人々の多さと彼らの苦悩の大きさは、競争と格差のもとでいっそう激しくなっている現代社会での「生きがたさ」を如実に反映したものだ、と私は見ている。

2．「いのちの電話」の限界とメリット、およびその社会的公共的な意味

「いのちの電話」は、主に電話機器だけで相談者（コーラー）と意思疎通をおこなう(2)。

電話相談を離れて、他の場所で面談することはない。それはルール違反として禁じられている。電話という媒体だけを用いるので、相手の表情・容貌はわからない。互いの「身体性」をカッコに入れたまま（直接の面談ができないという大きな制約のもとで）、声と言葉でのコミュニケーションが中心となる。相談員にとっては、「聴くこと」が最も重要な仕事であり、「聴く力」が最も必要とされる。

こうして電話相談にあっては、最初から最後まで「傾聴」と「共感的理解」が対話の土台であり、相談対応の基

本姿勢となっている。

「いのちの電話」には、それ以外にも限界ないし弱点がある。それは、相談員がボランティアであること、カウンセリングの専門家ではないこと、である。尤も、正規の相談員になるには、約10ヶ月間の講座受講や実地の電話研修をおこない、その後の相談員認定を受ける必要がある。しかし、それによって専門資格が与えられ、特定の専門職に就けるわけではない。また、この活動によって報酬が得られるわけでもない。

だが反面、かけがえのないメリットがある。習熟した相談員は、非専門家ではあるが、一般に受容や共感の能力が豊かであり、長時間にわたってコーラーの心に寄り添う忍耐強さをもっている。相談者と同じ市民として、金銭や利害には関係なく、専門の医師やカウンセラーより親身に対応したり、相談者の悩みの軽減に寄与してくれる場合も少なくない。つまり、ボランティアだからこその強みを発揮する。

さらにまた、相談員が得られる特有のメリットもある。社会のいろんな分野で生活し仕事をしている人々の、苦しみ・哀しみ・喜びという生《なま》の思いを直接にじっくり聴くことができる、という点だ。相談員自身が外に出かけて人々の思いを訊いて回る必要はない。電話の向こうから、大小さまざまのリアルな問題がどんどん伝えられてくる。コーラーの辛い感情や苦悩を受けとめるのは楽なことではないが、生々しい実情を聴くことによって、われわれの生きているこの社会の真相や裏面が手にとるようにわかる。これほど相談員の社会認識を広げ深めてくれる機会や場は他にないのではなかろうか。それはさらに、社会や人間についての相談員の理解・考え方を深化させることになり、相談員自身の自己反省・自己成長の大きな糧となっている。電話相談をつうじての、社会理解や自己認識に関する有意義な「実践知の獲得」を、私はここに見ている。

電話相談じたいは、一対一の聴き合いであり、語り合いである。一人ひとりの相談員は、「いのちの電話」組織全体の一員でもある。すなわち、個々の相談員は、組織に属しつつ、組織によって支えられ、励まされている。相談員は、定期的な研修や講演会・講話の中で、他の相談員の経験、カウンセリング専門家やスーパーバイザーの話からいろいろ刺激をうけたり、学んだりできる。また、自分の電話対応のあり方を班会で披露し、他の人々から率直な意見やアドバイスをもらうことによって、長所や短所に気づき、対話の姿勢・方法をいっそう改善し高めている。

相談員は、さまざまな職種の退職者、教員、看護師、薬剤師、主婦、自営業者など、多様な人々からなっている。「社会のために少しでも役立ちたい」との熱意で電話活動に参加してくれる人が多いが、家庭や職場でのトラブル、親族の介護や看護、転勤や引っ越しなどで、やむなく退会していく人も少なくない。それにもまして、組織内での刺激や学びが衰退すると、相談活動への意欲喪失が生まれ、活動への不参加や組織からの離脱が避けられない。個々人の生活上の困難や人間的な弱さを包み込みつつ、電話相談活動を長期的にねばり強く継続していくためにも、たえざる研修や経験交流、相談活動の目的や意義の再確認が不可欠なのである。なにより相談員の対話能力やコミュニケーション力の向上が目に見えて互いに認識し合えるとき、それへの自信と充実感こそが「これからもこの活動にたずさわっていこう」という活動継続の原動力となっている。

「いのちの電話」の社会的意味および役割を率直に語れば、この活動は、いのちの危機に直面している人々からの訴えを受けとめ、その苦悩に寄り添い、可能なら、その人々に自殺を思いとどまってもらえるよう、言語的心理的な支援をすることである。その意味で、たしかに「自殺予防」が最重要の目的だ。

しかし、「自殺をするな」と指示・命令したり、「自殺はすべきでない」とお説教することが電話相談の本旨ではない。相談員にとって最も大切なのは、「自殺しないですむような方策はないだろうか」をコーラーと一緒に考えよう、という態度であり呼びかけである。しかし、長い時間をかけて対話しても、結局は生きる道を見いだせない相談者もいるかもしれない。「生《せい》のほうを選んでほしい」という相談員側の強い思いとは裏腹に、それでも生を断ってしまうコーラーがいるのも現実である。最後は、本人の意思に委ねるほかはない。その意味では、悲しいかな、自殺は自由である。

だが、われわれは、自殺した人を非難しない。むしろ、自殺を選択せざるをえなかった当人の苦しみや不幸に心からの同情を寄せ、自殺した人に哀悼の意を捧げたい。彼らを救いえなかった社会的セイフティネットの不十分さや貧しさを反省し、彼らをそこまで追い込んだ非人間的な社会的・倫理的問題があることにこそ、眼を向けるべきだと考えている。

「いのちの電話」はボランティア団体ではあるが、社会福祉法人（ないしNPO法人）の一つとして、一定の公共的性格をもっている。今の日本にあって、それは自殺予防をめざす組織および運動体であり、その意味で現代社会におけるセイフティネットの一翼を担っている。どんなに遠くからでも自分の苦しみ・悩みを電話一本で直接に訴えられるという点で、人々にとっては「相談の端緒（ないし始まり）」が可能だということを意味する。だが、自分がかかえる苦悩にとことん追い詰められて自殺を念慮し実行しようという人々にとっては、「いのちの電話」は「最後の直訴または相談」機関という意味をもつ場合が少なくない。このように、この電話相談機関は、今日の社会的セイフティネットの「初め」と「終わり」に位置し（もちろん、はじめと終わりの中途期間でも継続的に対応しているが）、そこでの役割を誠実かつ効果的にはたしていこうとする組織となっている。

3.「いのちの電話」における対話的実践の特性

（1）哲学・倫理研究者の役割 ― 実践知・総合知の形成との関連で

もともと哲学・倫理の研究者だった私は、「いのちの電話」に関わることによって、これまで知らなかった新しい現実からじつに多くを学ぶことができた。そのおかげで、従来のドイツ哲学を中心とした古典研究の枠から一歩を踏み出し、日本全国のさまざまな領域で発生している社会病理現象をとりあげて、それらに共通する問題点や基本矛盾を明らかにしてみよう、という道を歩み始めた。

当時、志を同じくする友人たちと刊行した、共著書『「豊かな日本」の病理』という本の中で、私は第1章「生活の中の病理と倫理」の執筆を担当した。この章の中で、私は、企業中心社会における心身症や労働疎外、夫婦・親子関係の変容と揺らぎ、老人の孤独と遺棄、女性蔑視と性の歪み、などをとり上げ、事実にもとづく具体的な論述を心がけた。人々にとって切実な社会問題に対する理論的・実践的な関心が、私の哲学研究の方向を大きく変えることになり、身体論、心身関係論、コミュニケーション論などが、それ以降私の主な探究テーマとなった。いのちの電話への参加をきっかけに、実践知や臨床知を自分の研究の中に取り入れ発展させようとしたからでもある。

実践知・臨床知、その統合体としての総合知は、研究者にとって必要であるだけではない。なにより、電話相談の実践にたずさわるボランティア相談員自身も、多かれ少なかれ身につけなければならない知識・知性である。私が思うに、悩みをかかえる話し手の訴えがどんな生活上の矛盾や社会的な困難から生まれているかを正しく把握するためにも、相談員自身が「すぐれた生活者」であり「高い見識をもつ社会人」であることが必要であろう。かつて私はこう書いたことがある。今でもそれは当てはまると考えている。

「スーパーバイザーとして私は、現代の日本社会でひきおこされているいろいろな社会病理現象をとりあげて、グループのボランティアに紹介するようにしています。若者たちの性意識・死生観、学校でのいじめ・自殺、家庭内暴力、サラ金と自己破産、高齢者介護、がん告知とターミナルケアなど、新聞記事や資料を使って実情や問題のありかを学習しています。電話をかけてくる人の背後には、当人の苦しみや悲しみを生み出している構造的ともいえる社会の諸病理があるわけですから、相談員もそういう現実を正しく知ってこそ、コーラーの切実な心情を理解でき、その気持ちにほんとうに寄り添うことができると思うのです。」（種村完司『コミュニケーションと関係の倫理』青木書店、216～217頁）

実践知・臨床知や総合知を扱っている貴重な機会なので、冗長にならない範囲で、ここで少し哲学的な議論をしておきたい。

ほんものの「実践知」や「臨床知」を求めるとき、研究者はなにより、市民の生活・労働やコミュニケーションなどの実践的な現場、医療・福祉や教育などの臨床の現場に対して強い関心をもっていること、その関心をもとに現場での抑圧や葛藤、不合理や人権侵害の実情に目を見すえて、それらを鋭く指摘し論述すること、がまず必要であろう。もちろん現場に対する関心、およびその実態の理解だけですむわけではない。現場で見いだされ、特定の人々を苦しめている個々の非人間的な現象や理不尽さがなぜ、どのように発生しているのか、への探究に向かわなくてはいけない（その分析にさいしては、「原因と結果」、「現象と本質」などのカテゴリーが有効となる）。この探究の過程で、実は、他の現場でも類似した、また同じような矛盾や不合理が力をもっていることが認識される場合も多々あるだろう。さまざまな分野での、具体的な個々の矛盾が通覧され鳥瞰されることによって、孤立や分離ではなく、それらの間の共通性が確認されていけば、社会全体の構造上の基本矛盾が浮かび上がり(3)、その基本矛盾の普遍性がいっそう明確に理解されることになる。

かくして最初の実践知・臨床知は、普遍性と結びついた「総合知」へと発展していくか、それが無理だとしても、少なくとも総合知との内的かつ本質的な関連をもつことになるだろう。翻って、達成された総合的な知識・理解のもとで、そしてそれを背景にして、初めの個々の特殊な実践知・臨床知の群れは、改めて位置づけなおされ、全体の中で自分の存在意味や特性を解き明かされることになる。

具体的な事例・事象を挙げて補足してみる。

現代日本の多くの家庭や職場で頻出している、夫婦間・家族間での対立や葛藤、上司—部下間や同僚間でのパワハラおよびイジメ、それらに起因する深刻な心身疾患などに注目したい。個々の特殊な状況下で発生している特殊な非人間的かつ疎外的現象の社会的倫理的諸特徴をとらえ、それらがどのように個々人を抑圧し歪めているか、人間の心身をどんなに損なっているか、のリアルな認識と記述が実践知・臨床知と呼びうるだろう。

こうした疎外的な現象は、きっと他の社会領域でも共通しているだろうし、さらに現代日本の構造的な経済・法律・政治の基幹問題とも結びついていよう。今日の激しい排他的な競争・選別、拡大する経済格差・不平等の淵源たる後期資本主義の爛熟が根本原因として背後にあり、ゆえに社会構造の本質を解明するような認識・論述こそが総合知といいうる(4)。

家庭や職場での特殊な諸事象についての実践知・臨床知は、このように構造的な社会把握である総合知と結びつかなければいけない。普遍的な性格をもつ総合知と関連してはじめて、実践知や臨床知のもつリアルな認識も、より広い視野と説得力のある実感を獲得することができる。

私は、実践知・臨床知・総合知の形成とその関係を、以上のように考えている。

（2）「傾聴」「聴く力」「質問力」「要約力」などをめぐって

「いのちの電話」における対話やコミュニケーションのあり方について、私は哲学・倫理を専門とする立場から、自らの電話相談の経験をふまえつつ、これまで私なりに考えてきた。たとえば、電話相談の基本といわれる「傾聴」について、また相談者の訴えを「聴く力」についてはどうだろうか。

傾聴とは、電話相手の語りに耳を傾けることである。そのさい、まずはどんな訴えにも対応し、それを偏見なく受け入れることが基本である。そこにはコーラーに対する強くて温かい関心がなければならない。相手の気持ちにじっくり寄り添いつつ、その思いを受容するために、必要に応じて「そうなんですね」「えー、なるほどね」「……ということで悩んでおられるんですね」といった相槌（時にはリピートを含む）が必要となる。そうしてこそ、聴き手は自分の思いを受けとめてくれている、という安心感と信頼がコーラーの中に生まれる。

とはいえ、傾聴が実りのあるものになるためには、さらに、コーラーの話の聴き取りにとどまることなく、相談員は、コーラーへの強い関心をベースに、当人の声や言葉のうちに隠された「意味」や「感情」を聴き取る必要がある。言葉や語りだけでなく、それらに伴って表出される、哀しみや喜び、怒りや憎しみ、なども把握しなければならない。この段階では、受け身の対応ではなく、語りの背後にある特殊な感情を「聴き出す能力」が求められる。相談員側のこういう努力と試みによってこそ、両者の間に真に能動的な受容と共感が生み出されることになる。「傾聴」という場合、私は、このような「聴く力」「聴き出す能力」と結びつけて理解する必要があると考えている。

このことと関連することだが、電話における対話で重要なのは、誤解を生まない、自然な人間的対話をつづけるために、機械的でない優しい「リピート」と併せて、必要な時や局面での的確な「質問」がとても大事だ、ということに気づかされている。「いのちの電話」相談員の一部には、傾聴ということをもっぱら狭く考え、とにかくコーラーに対する質問をできるだけ控えて、ひたすら相手の語りをがまん強く聴きつづけるべきだ、という主張なり態度がある。私は、その種の傾向はかなり偏狭な電話対応だと思う。

対話の流れの中で、時宜にかなった適切な質問は、対話の中身や方向を明確にし、互いの信頼関係を強めるのに大いに有益だ、ということを私は長年の経験から確信している。もちろん、興味本位の、プライバシーを無視した質問は論外である。対話の流れを中断するような多くの矢つぎばやの問いかけも、無益であるだけでなく、むしろ有害な場合が多い。しかし、コーラーの訴えの背景をなしている家庭や職場の人間関係、そこでの確執や葛藤などを正確につかむためには、要を得た的確な質問がどうしても不可欠なのである。コーラーと相談員の双方が、訴えの中身に関する全体像を共有してこそ、対話は円滑に進行し、しばしば問題解決へと至ることもできる。

だから私は、すぐれた対話ができる相談員は、必要かつ時宜にかなった質問のできる人であり、すぐれた「質問力」をもつ人だと考えている。もとより、すぐれた質問のできる人は、会話の相手と意思疎通しながら、その会話の過程や中身によく通じ、会話の中心や本質を要約できている人、一言でいえば「(会話の)要約力」を身につけた人でもあるだろう(5)。

もちろん「いのちの電話」において、自然で円滑な対話がおこなわれ、「電話で気持ちをつうじ合えてよかった」と両者が満足して終わる場合ばかりとはいえない。コーラーが「とにかく相談員に聴いてもらいたい」と愚痴や不満を一方的に訴えたり、最初から最後まで自分が喋りたいことを喋りまくるようなこともある。電話による語らいをほんとうの「対話」へと導くためには、工夫と努力が必要となる。ときには、勇気を出して、「ちょっと質問させてもらっていいですか」「あなたは……のことで憤って（悲しんで）おられるんですね」など、話しの「流れの転換」や会話の「本位への立ち戻り」が求められる。

質問力や要約力などの基礎的な力があってこそ、一方向的な意見・感情の表明は、双方が関与し交流しあう質の高い対話へと変化するのである。お互いによる誠実な言葉の受容と意見の交換は、しばしば予期しなかった新しい信頼と問題解決をもたらすことがありうる。これこそ「対話の弁証法」というべきものであろう。これらは、電話相談の中で形成され獲得される実践知・臨床知であり、しかもコミュニケーション力をより豊かにする必須の要件であり、他の会話や議論の場面でも必ず役立つ総合知の一つだと思う。

（3）「非指示的技法」「助言」、および「自然で人間的な対話」の問題

もう一つ、対話の中でおこなう助言または提案について触れておきたい。

カウンセリングの分野では、C・R・ロジャースがかかげる「クライエント（来談者）中心療法」が、これまで高く評価され、そして大きな影響を与えてきた。とくに彼の思想の中核をなす「非指示的技法」が重視され、「いのちの電話」でも相談員がコーラーに向き合うときの基本的態度として奨励されることが多かった。この非指示的技法の本質は、クライエントに対する積極的な関心を示しつつも、カウンセラーが自分の意見や助言をあえて慎み（非指示的対応に徹する）、クライエントの主体性を信頼し、彼の自発性に依拠し、本人自身の力で問題解決に向かうよう支援する、というものであった(6)。

カウンセリングだけでなく、「いのちの電話」での対話においても、たしかにできるだけ非指示的な応答が大切

であることはまちがいない。よかれと思って相談員がコーラーに提示する助言や提案は、結果的に当たり外れもあれば、「余計なお世話」の類の場合すらある。「(コーラーからの)助言の要請—(相談員による)助言の回答」の関係が当たり前になっていくと、コーラーのうちに相談員への依存感情が生まれ、自分自身で考え、行動し、問題解決に向かう、という姿勢が弱くなる。ロジャースは、この種のカウンセリングの落とし穴や弱点について、深く憂えていたのだと思われる。電話相談にあっても、コーラーの自主性を尊重し、コーラー自身の解決に待つ、という「クライエント中心」の「非指示的」な姿勢はたしかに不可欠であろう。

だが、それを承認した上で、なお問題は残る。非指示的対応だけでは有効な対話が進行しない、問題への解決にすすまない、ということも現実には多いからである。

言うまでもなく、現代社会は複雑な矛盾や葛藤のるつぼである。それを反映して、多くの人が多くの問題や悩みを背負い、それらを解決したい、その苦境を脱したいと願って、「いのちの電話」にかけてくる。「自分は今……という困難に直面している。どうしたらよいと思うか。」「なにか適切なアドバイスを聞かせてほしい。」という切実な訴えが少なくない。「いのちの電話」組織の中でも、ロジャースの考え方に賛同して、まったく非指示的態度をとりつづけようとする相談員がたしかに存在している。だが私は、非指示的な対応をあまりに厳格かつ教条的に受けとることは正しくないのではないか、と考えている。

いちばん大切なことは、相談員とコーラーが相互の信頼を築きながら、ごく自然で人間的な対話を続けることであろう。コーラーに「あなたに対するアドバイスは控えます」という態度をとることは、時には相手を傷つけ、対話の進行をそこない、せっかくの信頼関係を壊してしまいかねない。指示的かつ命令的ではない応答の仕方、だが相手の切実な要請に応える仕方を、われわれは創造しなければならないと思う。

「過去の私は、あなたと同じような状況に陥ったとき、……という方策ないし行動をとってみたことがありますよ。」という自分の過去経験を披露したり伝達するような応答があってもよい。コーラーのおかれた事情や背景をよく汲んで、「今のあなたの場合、Aという選択肢、Bという選択肢、Cという選択肢などが考えられますね。」とかいう、慎重なアドバイスを伝えることがあってもよい。指示・命令に等しい回答や押しつけがましい提案は極力抑制しなければならないが、自分の経験をふまえた控えめなサジェスチョンやアドバイスを伝えてはどうだろうか。最終的にそれを採用するかどうか、どんな選択肢を決定するかどうかは、コーラー自身に任せる。自分の意志で決定し、その責任を負うのはコーラーであり、相談員は、決定のプロセスの中で、誠実なサポートに徹するのである。

このように私は、心のかよった実りある対話を継続する上で、相手の要望や必要に応じた柔軟な回答を示しつつ謙虚なサポート役であろうとすることが、「いのちの電話」における相談員のあるべき態度であり、望ましい実践知・総合知を形成するための不可欠な方法だと考えている。

〔たねむら　かんじ〕

注

（1）利用者が統一番号 0570-783-556 に電話すると、その電話は発信地の近くのセンターから順に空いている日本各地に繋がるしくみになっており、そのせいで鹿児島への電話件数も増えている。

（2）最近では、若者たちへの援助を意識して「インターネット」（ないしメール）相談にとり組んでいる地域センターもある（14センターに上る）。ネット相談の90％が10～40代の人々である。

（3）構造的な基本矛盾が「浮かび上がる」とはいっても、けっして自動的にではない。哲学、経済学、政治学、社会学などの労苦に満ちた学問的な探究・洞察の結果である。

（4）実践知・臨床知の例として、私はここではもっぱら、否定的な社会現象をとりあげた。今日における「いのちの危機」がこの論稿のテーマであることと関係している。もちろん、日本社会の進歩的肯定的な動向を分析し一般化する場合でも、実践知・臨床知・総合知の形成を論じることは必要であるし、それらの関係を概念化することも可能である。

（5）会議や対話において、私と同じように「要約力」や「質問力」の大切さを強調している論者に斎藤孝がいる。『子どもに伝えたい〈三つの力〉』（ＮＨＫブックス）は、具体的事例に即した説得力のある本であり、一読を勧めたい。

（6）『ロジャース クライエント中心療法』（有斐閣新書）中の、とくに第3章を参照のこと。非指示的技法の提唱の淵源に、クライエントにたいする「尊敬」や「感情移入的な理解」の重視があることが注目される。とはいえ、「共感」は相手の心への「感情移入（投げ入れ）」だとする心理学の伝統的な見解に異を唱え、相手そのものの「受け容れ」と捉えるべきだ、というN・ノディングスの主張を私は支持したい（N・ノディングス『ケアリング』晃洋書房、46～54頁を参照）。

筆者を囲む対話の試み

種村完司さんは２０１９年6月15日に行われた第14回総合人間学会シンポジウム「いのちのゆれの現場から実践知を問う」のパネリストの一人として講演を行った。この論考はその講演に基づいている。

シンポジウムでは実行委員会から、「３つの問いかけ」が提案され、パネリストはそれに応えることを意識して話をされた。その「問いかけ」は文末に掲載した。講演ののち、パネリストを囲む分科会が行われた。読者との誌上での対話を進めるために分科会の様子をお伝えしたい。これは当日分科会の司会を務めた穴見愼一さんのまとめに基づいている。

１：報告の中で印象に残った事例、考え方、言葉をあげてください。

・「いのちの電話」＝一般市民による対話

・「隣人愛主義と社会科学的知性」（種村氏）

・電話相談員は非凡な共感能力、想像力を必要とする一方、自身がノイローゼに陥らないよう対象からどう距離を取るか、本当に難しい仕事だと思った。相談内容はまさに社会の病理のありかを示している。その治療が社会の果たすべき第一にして最大の課題だと思った。

・傾聴することの大切さ。
2：「3つの問いかけ」についての報告を聞き、またご自身の経験に照らしてどのようなことを考えましたか。
・対話的実践——言葉にすることの難しさがある。例えば、上手く言葉にできず、暴力を振るうしかない人たちにどう向き合うか。
・インターネットとも違う、対面相談とも違う——声と声だけがつながる関係性のポジティブな意味。
・「異文化共生」の普遍的意義。
・各々の報告が「人間的経験」の拡がりを提示している。
・「コミュニケーション」による関係性
3：グループ討論で深めたいテーマをあげてください。
・「専門ではない」ことの功罪をどう考えるか。
・生命——限りある中で、それをどう受け取るか、生命の「ゆれ」「ゆらぎ」とはどういうことか？
・対応の仕方がわるいことが原因で電話を切られたことがあったか？
・非身体的コミュニケーションの積極的意義。
・「優れた生活者」——「高い見識を持つ社会人」
・対話的実践の能力——当事者にとって重要な事柄が何なのか
4：全体討論で深めたいテーマをあげてください。
・あらためて、「ゆれ」をどう考えるか。——各報告における「いのちのゆれ」の差異と共通性
・「専門知」、「実践知」、「市民知」、「総合知」等、種々の「知の在り方」の概念整理。
・「対話」とは何か。
・「総合知」の一つとしての「傾聴」——全ての報告に共通する主張の一つではないか？
・経済成長主義とテーマとの連関

司会者の感じたこと

前半は参加者の自由な発言に任せていたので、質疑内容の中心は「いのちの電話」そのものへの関心に収斂した。そこで、全体討論の論点を探るべく、司会者から次のような趣旨の質問を種村氏にぶつけてみた。「今回のテーマにある『いのちのゆれ』とは、提唱者の白石氏によれば、それは『〈右肩上がり〉の発達観』へのアンチテーゼの意味を込めた用語であるとのことでしたが、それはある種の合理性（機能主義的合理性）偏重への批判であり、その意味で

は、大菅氏が目論まれる『合理的なものと非合理的なものとの架橋』の主張に通ずる点があり、それはまた、種村先生が『いのちの電話』の実践において最も重要だとされた二原理――「隣人愛主義と社会科学的合理性」の主張にも通ずるものではないでしょうか?」

これに対し、種村氏は以下のように答えられた。「私は、『非合理的なもの』への称賛を無条件に認めることはできない。そもそも、『スピリチュアル』との表現は極めて抽象的であり、その抽象性ゆえ、そこにあらゆるものを含ませる可能性を排除できない。それは、極めて危険なことであるように思う。また、仮に、人間の感情を『非合理的なもの』や『スピリチュアル』との表現に還元するのであれば、それは私の理解とは全く異なるものである。なぜならば、人間の感情は決して『非合理的なもの』ではないし、『神秘主義的なもの』でもないからである。すなわち、人間の理解は人間感情の理解を抜きにして不可能であり、それが『隣人愛主義』を肯定する理由でもあり、同時にそれが歪なものへと堕さない為に『社会科学的知性』が要請されると考えている。」

3つの問いかけ

①地域医療、災害ボランティア、障害をもつ人の発達保障、「いのちの電話」の活動などにおいて「いのちのゆれ」をどのような時に感じますか。それはどのような意味をもっていると考えますか。(いのちのゆれの意味)

②様々な対人支援の場における当事者主体と支援者との関係のあり方、役割はどのようなものでありたいと思いますか。その関係性の構築にはどのような課題があると考えますか。(当事者、支援者の関係性の課題)

③あなたにとって対話的実践とはどのような活動を意味しますか。その実践においてはどのような課題があると考えますか。(対話的実践の意義と課題)

総合知と「自分（私）」
――当事者性の視座から「知のあり方」を問う

穴見愼一

はじめに

「総合知」という言葉を目にされ、読者は何を想起されるだろうか。筆者にはすぐさま、「総合人間学」が思い浮かぶ。それは筆者がこの十数年の間、総合人間学会の事務・運営に関わってきたからであり、その学会活動のキーワードの一つが「総合知」であったからに相違ない(1)。だが、無責任を承知の上で正直に言えば、未だに筆者は「総合知」や「総合人間学」を万人が納得する仕方で説明することができない。ただ、それが出来ないのは、何も筆者一人に限ったことではないだろう。管見の限りで、筆者に納得のいく「総合知」の説明を果たし得た論者はこれまで誰一人としていない。むしろ、だからこそ「総合知」を問い、「総合人間学」を問うことに意義があり、また、そうした試みへの異議もあり得るのだと考えている。

その意味で、多様に語られ、また語り得る「総合知」であるが、ここではそれを暫定的に「種々の専門知を総合して得られる知識」、とだけ表現しておこうと思う。なぜならば、それは少なくとも、諸科学の知（専門知）を総合することで真の人間理解に迫ろうとする総合人間学会では共通認識のミニマムであり、したがって、そこから議論を立ち上げようというわけである。無論、だからと言って、筆者には会員の間でしか通用しない特殊な議論をこの後展開するつもりは微塵もない。また、自らの経験（学会活動）を通じて「総合知」を語ることは、本小論のテーマに掲げる「当事者性の視座から『知のあり方』を問う」方法の一つの具体的展開ではないか。それ故、総合人間学会の会員ではない読者にも、これまでの学会活動に関する具体的な記述が登場することをご理解頂きたい。

ならば、会員外の読者にも通じ得る本小論の具体的論点とは何か。その一つが、現代社会に蔓延る科学主義（客観主義）に対するアンチテーゼの試みであることは強調しておきたい。それは、現代の無思慮で無責任な科学崇拝への異議申し立てである。ただ、読者の中には、それを近代への反動的な思考傾向の展開に過ぎない、として退ける方もおられるだろう。しかし、そのような仕方でこの問題を図式的にのみ捉えるのではなく、本小論を最後までお読み頂き、より深く、より慎重に吟味されることを筆者は全ての読者にお願いしたい。さすればそこには、主観的で、かつ普遍的でもある「知のあり方」の可能性が示され、そうした特性を持つ「総合知」のあり方こそが、この世界を理解し、人間を理解する上で何よりも重要である、との筆者の主張がご理解頂けるだろう。それは、「暗黙知」でも有名なマイケル・ポラニーの著作（『個人的知識』）における主張の核心を極めて部分的にではあるが、別次元の議論にて再現する試みに類するのかもしれない(2)。また、そのように本小論を評価して頂ける読者が一人でもおられるならば、筆者にとって望外の喜びである。

それでは、以下の「問題の提起」から議論を始めよう。尚、本稿の一部は、総合人間学会で2019年3月に実施された「第14回研究大会シンポジウムプレ企画」を論じた拙稿（穴見2020）の記述と重複する。また、紙幅の関係で触れることが出来なかった論点もあり、それを補う意味でも同拙稿を参照されたい(3)。

問題の提起

「総合（総合人間学）は多様であってよい。」これは、２００６年の総合人間学会設立以来、その会員間で培われてきた総合人間学の方法論に関する一つの共通認識である。確かにそれは、決して否定されないテーゼであろう。ただ、そこでの「多様」が「無秩序」を意味するものではないとすれば、各々の試みに共有されてしかるべき総合人間学の核と言える何かが見出されるべきであろう。無論、それは一つに限らないだろうが、今回の試みでは、「自分（私）」を総合知に位置づけることの必要性と、その方法論を論じようと思う。また、そうした作業を通じて、これまでの学会活動の成果を踏まえた総合人間学の「知のあり方」を示そうと思う。

それに関し、これまでに筆者が学んだ最も重要なことの一つは、総合人間学における「総合」や「人間学」を個別に問うことが無意味ではないにしても、そこから得られる理解は総合人間学の一側面の抽象に過ぎず、「人間学」を考慮しない「総合知」（「総合」）を問うこと、あるいは逆に、「総合」（「総合知」）の方法論を意識しない「人間学」を探究する試みでは、総合人間学会の目指す「知のあり方」には決して届かない、ということだ。したがって、「総合」や「総合知」を前提とする「人間学」のあり方を問い（第1節）、その「人間学」の立場から「総合」や「総合知」のあり方を探究する作業を通じて（第2節）、目指される総合人間学の「知のあり方」を概念的に把握し直し、その意義を確認した上で（第3節）、どうすればそれが実現可能かを論じる試みを通じて、総合人間学の核となる方法論、あるいはその条件を示そうと思う（第4節）。

すなわち、総合人間学では、「人間」理解を中心に構造化された「総合知」が求められているのであって、この視点なしに「総合」の方法論のみを考えても空疎なものになる、ということだ。つまり、各々が独自の学問的枠組みに従う多様な専門知の「総合」を可能にする為には、まずは「人間学」の文脈において「意義的拡張」がなされた専門知を準備することがその必須条件となるのである。しかも、その場合の「人間」とは普遍的、一般的な次元での理解に止まらず、「個別事象」をも含みうる理解に繋がる「人間」である必要があるように思われる。なぜならば、現実に存在し、生きているのは、一般的、抽象的な人間ではなく、特殊で具体的な個人としての各々の「自分（私）」のみだからである。

さらには、この「自分（私）」という特殊と関わらせながらも、なお、学問としての普遍性・一般性が損なわれない、「個別的」かつ「普遍的」な人間理解の「知のあり方」。果たして、そのような矛盾に充ちた性格の「総合人間学」は如何にして可能なのだろうか。この素朴な難問に挑むべく、筆者は次なる二つの事実（認識）から出発する。その一つは、総合人間学会の「設立趣旨」に明記された「市民参加」への積極的な呼びかけ、という事実。もう一つは、「総合は実践を通じてなされる」との認識がこれまで会員間で共有されてきた事実、である。無論、それらも多義的に理解されるのであろうが、前者に関しては「総合人間学のアカデミズムからの解放」の意義を、後者に関しては、「現実の具体的問題との格闘を通じた知の総合」の意義をこの学会が重視すべきものとして筆者は理解している。しかも両者は、共通の問題意識（「自分（私）」を位置付け得る「総合知」の必要性）の異なる表現として理解される。これに関し大変興味深い議論の一つは、三木清が『哲学的人間学』において展開する「人間学」のあり方に関する論考である。まずは、三木の「人間学」論を導きの糸にして、総合人間学における「人間学」のあり方について早速考えてみよう。

1．総合人間学における「人間学」のあり方を問う

『哲学的人間学』にて、三木は、目指すべき人間学を「自然科学的アントロポロギー」ではなく、むしろ「哲学的アントロポロギー」である、と強調する(4)。そして、人間学は諸科学のいずれとも同じでなく、またそれらの知識のかき集めではないとして、その本質的な見地を、人間学が「人生観に依存する」点に認める。なぜならば、人間は単に客体的に捉え得るものではなく、かえって主体的に捉えられねばならず、その意味で、「人間学は人間の主体的な把握である」と考えられるからである。ここで、「人生観」とは、決して人間の客体的な、比較的な見方に基づくものではなく、かえって人間の自己理解もしくは自覚であって、それ故に、主体的な把握に基づくものでなくてはならない、とされる。すなわち、人間学は人間についての学ではなく、「人間の自己理解」であり、それが「自覚の事実に深く根ざしている」点で、そこでは「対象と方法とを分離することが出来ない」のである（三木 1968:128-133）。つまり、落下する物体の運動を捉え得る視線で天体の運動（宇宙）は語り得ても、それと同じ目線では、決して人間を理解することはできない、ということである。

だが、仮に、「自覚」というものが人間学を基礎づける、という事実を認めるとすれば、「人間の自己理解」は既にこの「学」以前に、またこの「学」以外の領域においても存在するのでなければならぬ、と三木は言う。すなわ

ち、「自覚は人間の人間としての根本規定である」とする三木のテーゼを是とするならば、人は誰でも、あからさまに人間の研究を始めるまでもなく、人間を知っており、何人も自己について、他の人間について、人生一般について、ある理解を持っている、との三木の指摘を受け入れざるを得ない、ということである。そして、かかる人間理解を既に人間学と称すべき理由があるとすれば、三木の言う通り、「人間学はさし当たり何らかの学的研究であるよりも生に属している」と理解できる。それを三木は「第一次の人間学」と位置付けているが、その意味において、「すべての人間は人間であると同時に人間学者と言い得るであろう」(同:133-134)。

三木のそうした人間学の主張に筆者は諸手を挙げて賛成するつもりはない。しかし、総合人間学会の趣旨理解において、そこには極めて重要な論点が含まれている。それは、この学会が広く市民参加を呼び掛けている点に関係する。これは、他の学会とは異なり、その特異性を際立たせるものであり、それ故、この理念の実現の度合いはこの学会の独自性、存在意義に関わるものである、と理解される。その論点とは無論、「すべての人間が人間学者である」との三木の指摘だ。ただ、それを「第一次の人間学」と呼ぶ一方で、それは「何らかの学的研究であるよりも生に属している」とする点で、この学会の目指す諸科学の総合としての人間学のあり方にはまだ届いていないように思われる。無論、三木の「人間学」の議論はこれに尽きない。

三木によれば、生の内に含まれる「第一次の人間学」に対して、人間学の次なる領域がある、とされる。「この領域は、それが外的には生と、一方では芸術、他方では哲学と、の間に位することによって特徴づけられる」。すなわち、それは生そのものに属せず、むしろ生の表現であるのだが、ただし、体験と表現とがそこでは特殊な仕方で結びついている、との理解が重要である、とされる。それは三木の強調する「自覚」が「単に意識的にではなく存在論的に理解されるべきものである」との主張に関わる。つまり、私たちの「存在」には主観的な自己理解に関わらない客観的な意味が認められるのであって、その意味において、三木の人間学の主張は「現実の行為の立場に立つ」ものである、ということだ（同:136-142）。

ここで、「現実の行為」とはまさに「実践」のことであり、三木の主張は総合人間学会における「知の総合」のあり方（「総合の方法論」）が実践（現実の具体的な諸問題との格闘）を通じてなされるべきである、とする会員間での合意に見事に符合している。したがって、総合人間学における人間学の立場は、三木の主張する「行為的自覚の立場」である（同:147）、と言い得る。ただし、仮にそう言い得たとしても、無論、三木の「哲学的人間学」は総合人間学を代替し得るものではないし、総合人間学へのこの立場の適用が具体的にどのような学問の形を準備するのか、筆者には皆目見当もつかない。そこで、「行為的自覚の立場」からの「知の総合」のあり方とは具体的にどのようなものか、目指すべき「総合知」への理解を深めるために、戸坂潤の『道徳の観念』を参照してみようと思う。

2.「自分」を位置付け得る「総合知」の具体像を求めて

さて、その戸坂の著作とは、道徳とは何か、どう理解すべきか、を四つの視角から問うものであり、まず、第一章で「通俗常識」の視角からの議論が、続く第二章では「倫理学」の視角からの議論が試みられ、それを受ける形で、第三章では「社会科学」の視角から、そして、第四章では「文学」の視角からの議論が展開される。その主張の特異性は、科学と文学とを図式的に対比させる中で、「道徳が自分一身上の鏡に反映された科学的真理であるという意味において、道徳は我々の生活意識そのものでもなければならぬ」こと。そして、「そういう生活意識こそ偉大な真の常識というもの」であることが示される点にあると理解される（戸坂 2001:349）。すなわち、この主張をこれまでの総合人間学理解の文脈で把握した場合、そこに見出す戸坂の慧眼とは、道徳という「知のあり方」に「自分」を位置付けることの必要と、その場合の道徳とは生活意識のことであり、それは科学的真理にも匹敵する真理である、とした点にある。筆者はそこに三木の「行為的自覚の立場」に通ずる総合人間学の「知のあり方」を重ねて見ている。と言うのも、戸坂の議論は「道徳」という主観的かつ客観的な「知のあり方」を示す試みであり、人間を主体的に把握し得る学問の形を示唆し得る、と理解されるからだ。以下に、その戸坂の議論を少し詳しく追ってみよう。

通俗的に道徳とは秩序の維持に繋がる社会通念であり、私たちは、人は誰しもそれに従うものであると観念している。したがって、それは常識として受け入れるべきもの、無批判に従うべきものとの観念に陥り、その場合、その道徳の道徳としての所以・適否の判断もつかぬままそれに従い生きることになる。だが、それでより良い社会が実現されるとは到底考えられず、道徳のこうした社会的性格の側面は乗り越えられるべきものとなる。そこで要請されるのが倫理学であり、個人の価値判断であると考えられる。しかし、そうなると、社会通念であったはずの道徳は主観的なものとなり、その客観性は担保されないままに、その社会的性格の側面すら否定されかねない事態に立ち至る。そこで、更に必要なのが、単なる倫理学ではなく、社会理論（社会科学）と結合した倫理学であって、それが道徳に社会科学的観念が要請される根拠となるのである。すなわち、「道徳は、社会と個人との関係においてしか成り立たない」（同 :333）、ということである。

だが、この論調が極まれば、例えば、倫理学の独立性を廃棄したマルクス主義の主張にあるように、道徳は社会科学的観念に取って代わられ、科学的に解体されてしまうのである。こうした科学的な道徳観念の問題点は、そこで語られる個人が、論理的には特殊者であるにもかかわらず、実は「社会の普遍性とは異なったしかし一種の普遍性・一般性をもっていること」にある（同:334）、と戸坂は指摘する。すなわち、特殊者であるはずの個人が社会科学の観念を通じて一般的な個人に回収されることで、掛替えのないはずの個人が代替可能な個人に変質してしまうのである。だが、何人も「自分」の自分を他人の自分と取り換えることはできないのであり、そこに古来人間が一日も忘れることのなかった「自分」というものの意味がある、と戸坂は言う。その意味で、この自分はもはや決して個人ではないのであって、個人はなお一般的であるのだから、この個人ではなく、「自分」という最後の特殊的なものを道徳に位置付ける理解が極めて重要だ、ということである。

ただし、それは決して「自分」という特殊者の視点に限って道徳を理解して独善に陥るのではなく、「自分」という角度から道徳を理解することによって客観性を担保するところに意味があるのであって、そのためには、道徳単独の議論ではなく、むしろ科学を通じた道徳理解のプロセスこそが必須になるとされる。すなわち、社会科学的観念が決して道徳に取って代われるものではなかった様に、そうだからと言って、社会科学を斥けた仕方での道徳理解は通俗的なものに堕すほかなく、真の道徳理解には至らない、ということである。それはある意味、社会科学と道徳との相互浸透的理解なのであろうが、そこで重要なのは、社会科学の領域では社会を特殊化すれば個人になるが、個人を特殊化しても「自分」にはならない、という点だ。そこには、社会科学の領域内で理解すべき「個人」とそうではない「自分」とを隔てる認識上のギャップがあり、それを埋める処に、「一種の普遍性・一般性」を持つ個人と、特殊存在である「自分」とが総合される知のあり方が初めて可能となるのである。

戸坂によれば、そのギャップは「二つの秩序界」の相違として描かれている。その一つは「存在・物・物質の秩序界」であり、もう一つは「自分・意識・意味の秩序界」である（同:341-342）。「前者は存在し、後者は存在しない。そして後者は前者の存在に随伴するのである」(同:342)。ここで、前者は個人に、後者は「自分」に対応する仕方で語られているので、それを機械的に読み込めば、戸坂のこのテーゼは、個人は存在し、「自分」は存在しない。そして「自分」は個人の存在に随伴するのである、と解釈できる。これは社会科学における対象としての個人が事実上存在するのに対して、そうではない「自分」とは自分という個人の存在を事実上仮定している「(自己)意識」でしかなく、普通の意味での存在性を持ってはいない、との理解に基づくものである。また、その意味で、「意識」は個人の存在を反映・模写しているのであり、それ故、「自分」は個人の存在に随伴するものでしかないのである。そうすると、個人は存在に属し、それを反映・模写する「意識」や「自分」は「意味」の次元に定位するものと理解されるのである。したがって、個人と「自分」とを総合する知のあり方を可能とするためには、これら二つの知の体系を総合することになるのだが、そこでは、「存在の体系に意味の世界を付加することによって、存在の体系をば意味の世界を含んだ体系にまで、拡張的に組織し直さねばならないということだ。個人から自分なるものへの橋渡しをするためには、そういう論理的工作が要るのである」(同:342)。

すなわち、それは社会科学のみならず、自然科学をも含んだ「科学的範疇を意味の世界との連絡と言い表し得るようなカテゴリーにまで、改造しなければならぬ」のであり(同:343)、この「科学的範疇」(科学的概念)の検証的実証性を制限して、そこから比較的独立に見えるような性質を付与する他はないわけである。そうして象徴的な性質を持たされた限りの科学的概念は、もはやこれまでの科学的概念ではなくて、戸坂の言う「文学的表象・文学的影像」(個人と「自分」との総合)であるとの意味おいて、「この概念が一身化され自分というものの身につき、感応化され感覚化されること」を意味しているのである(同:343-345)。つまり、それは「社会の問題が身についた形で提出され、自分一身上の独特な形態として解決されねばならぬ」という意味において(同:345)、「自分」を位置付け得る「実践を通じた知の総合」――総合人間学の「知の総合」・「総合知」のあり方として理解されるのである。

3．「自分」を位置付け得る総合人間学の「知のあり方」とその意義について

それでは、「行為的自覚の立場」から個人とは異質な「自分」（戸坂）を位置付け得る総合人間学の「知のあり方」とは、従来の諸科学に比し、一体どの様に把握されるものなのだろうか。この問いに関し、哲学の伊藤笏康（1996）『科学の哲学』（Philosophy of Science）は極めて論争的で示唆的な議論を展開している。なぜなら、従来の科学哲学の流れ（科学的哲学：Scientific Philosophy）からすれば、論理実証主義の名の下に「形而上学」は真っ先に否定されるのであろうが、この著作がユニークなのは、教養という知のあり方の文脈においてむしろ「形而上学」が要請される、とするからである。そして、その知的活動の本領とは、あらゆるものごとの根本的な意義を問うことである、とされる。それ故この立場に立てば、「真の知を得るにはどうしたらよいか、またそのために、個々の学問はどのような意義を持つのかが探求される」ことになり（伊藤 1996:203）、それらの視点はそのまま目指されるべき知的活動（「総合知」）にも妥当するわけであって、それが総合人間学に「哲学」（「形而上学」）が要請される理由だとも考えられる(5)。そこで重要なのは、どの様にすれば単なる専門知の集合（寄せ集め）ではなく、「総合知」が得られるのかということ。そして、その場合のポイントは、テーマ設定や問題意識、あるいは具体的論点のみを共有して事足りるとするのではなく、「問い方（考え方）」そのものに意識的であることにある。おそらく、その視点無しにいくら「総合」を試みても、個別の専門知から得られるのは「寄せ集めの知」であって、「自分」を位置付

図1　科学理論の垂直構造

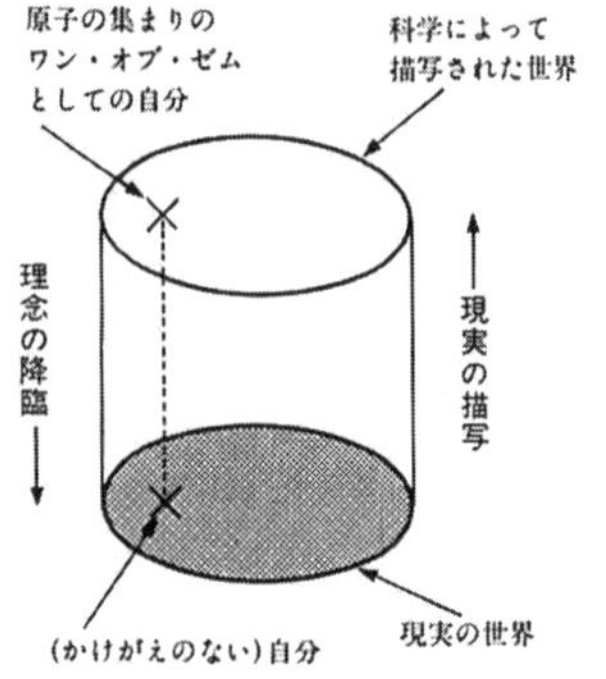
原子の集まりの
ワン・オブ・ゼム
としての自分
科学によって
描写された世界
理念の降臨
現実の描写
(かけがえのない)自分
現実の世界

図2　形而上学の水平構造

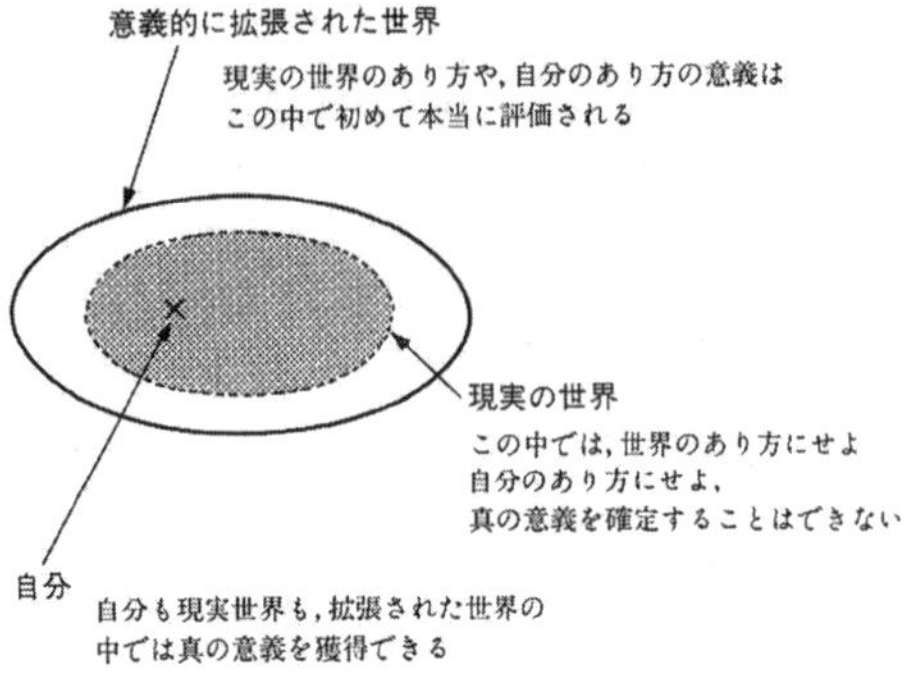
意義的に拡張された世界
現実の世界のあり方や,自分のあり方の意義は
この中で初めて本当に評価される
現実の世界
この中では,世界のあり方にせよ
自分のあり方にせよ,
真の意義を確定することはできない
自分
自分も現実世界も,拡張された世界の
中では真の意義を獲得できる

け得る「総合知」ではないように思われる[6]。

その理由は伊藤（1996）の議論（特に、12章と13章）に明らかだ。そこで伊藤は、個別科学と形而上学との「知のあり方」の質的相違を「垂直」と「水平」という空間的広がりにおける方向性の相違に喩えて、専門知における「自分」（個別事象）の不在（図1）と、形而上学的知における「自分」（個別事象）の確かな位置づけ（図2）を示して見せた[7]。その場合、専門知の特性を最も明瞭に体現するのが、数学を用いて現実世界を描写する自然科学における「知のあり方」である。すなわち、そこでは個別事象が非本質的として捨象され、一般的事象が物事の本質として抽象されることで科学理論が一般性と総体性とを備えるに至るが、さらに体系性も獲得して行く中で、この世界の森羅万象が科学理論の基本法則に従って記述できると考えられるようになることで、逆に、「それでは自分はその世界像のどこに位置するのか」との問題が生起してくるのである[8]。つまり、自然科学は現実の世界を説明し、私たちはそれを把握しているにもかかわらず、本来そこに位置付けられるはずの「かけがえなく必然的な」自分をその世界像のどこにも見出すことが出来ないのであり、その「知のあり方」はその元になった現実の世界と大きく乖離（剥離）しているという意味で「垂直構造」を持つと表現されるのである（同:155-166）。

これに対し、伊藤が形而上学の「知のあり方」を「水平構造」として描くのは、その知的活動のあり方が現実の世界に説明を与えるものではなく、むしろ現実の世界に意義を与えようとするものだからである。すなわち、それは現実世界のありよう（「世界がこうなっていること」）や私たちの存在の意義（「自分がここにこうしていること」）を確定するために、現実の世界を意義的に拡張する知的活動であり、それにより生じる高次の世界（「意義的に拡張された世界」）において初めて、自分を内包する現実の世界が相対化され、そのあり方や自分のあり方の意義が評価され得るようになるのだ。それ故、意義的に拡張された世界は現実の世界に対して高次の世界となるのだが、しかしそれは自分を内包する点で、自らの存在の地平の延長線上を成すという意味で、現実の世界と乖離（剥離）していない世界なのである（同:169-180）。そして、この「知のあり方」こそ、総合人間学が個別の専門知の寄せ集めとは区別する「総合知」に求められる不可欠の要素だと考えられるのである。

個別科学における「自分」の不在との対比で語られる、形而上学の「知のあり方」に関する伊藤の論調は、まさに、「真の道徳とは何か」をめぐって試みられた戸坂の「道徳の観念」の議論さながらである。戸坂は道徳理解における科学の必要を強調しつつも、科学の範疇に一般的な個人はあっても、そこに特殊な「自分」の位置づけは無く、否、むしろその個人という存在の持つ一般性に「自分」が回収されてその特殊性が解体される点を問題視した。そこに示された「知のあり方」とは、まさに伊藤が「科学理論の垂直構造」（図1）で示し得たように、「現実の世界」の「かけがえのない自分」が「科学によって描写された世界」に埋め込まれた時、「原子の集まりのワン・オブ・ゼムとしての自分」に変質してしまう事態に説明されている。それ故戸坂は、その問題を解消すべく、この一般性を帯びた個人とは異なる特殊な「自分」を道徳に位置付けて理解することの必要を主張したのであり、それが、「存在の体系に意味の世界を付加することによって、存在の体系をば意味の世界を含んだ体系にまで、拡張的に組織し直さねばならないということ」であった。ならばそれは、伊藤が「形而上学の水平構造」（図２）で示し得たように、「自分」を含む「現実の世界」を科学によって抽象することなく、そっくりそのまま「意義的に拡張された世界」として把握することを意味しているのではないだろうか。

ただし、そうした「知のあり方」を生みだす知的活動を戸坂は決して「形而上学」とは呼ばないだろう。なぜならば、戸坂が最も危惧する道徳理解の一つが、「道徳の絶対化、道徳の形而上学化」だったからである（戸坂 2001:261）(9)。無論、伊藤の用いる「形而上学」の実質は上述したように極めて限定された仕方で規定されており、そこに戸坂の批判は及ばないものと思われる。むしろ、その点で重要なのは、人間理解の文脈で両者が科学の「知のあり方」を批判的に把握しつつも、決してそれを手放さないこと、否、科学を必須のものと考えるからこそ、その欠陥を補うべく、「自分」を位置付けることのできる「知のあり方」の必要を強調している、との理解であろう。そして、この論調を是とするならば、総合人間学もまた、諸科学の知的活動を重視しつつ、そこに「自分」を位置付け得る「知の総合」のあり方を模索する必要に駆られるのである。ただ、留意すべきは、戸坂の試みが「偉大な真の常識」としての「道徳」を論じていたように、伊藤の試みもまた、「教養の要素としての形而上学」を強調しており（伊藤 1996:213）、必ずしも両者の試みは「総合知」のあり方、ましてや、総合人間学を意識してなされたものではなかった点である。果たして、総合人間学において「自分」を位置付け得る「知の総合」とは一体いかなる知的活動として具体的に描かれ、どうすれば実践可能なものとなるのか。

4.「自分（私）」を位置付け得る、諸科学の「知の総合」は如何にして可能か

この問いに関し、筆者には大変印象深い著作がある。それは、東日本大震災に伴う東京電力福島第一原子力発電所の事故を背景として、生命誌の中村桂子が書いた『科学者が人間であること』（岩波新書、2013年）である。この中で中村は、自らも科学者の一人であるとの自戒の念に駆られながら、その事故の要因の一つが、科学者や技術者が自らの専門知にのみ固執し、それを絶対視するようになる中で、いつしか、科学技術万能主義に陥っていたことにあると指摘し、そうした専門知過信への陥穽を回避するためには、科学者や技術者が一専門家であろうとする前に、一生活者であることの自覚とその視点を専門知に位置付けて考えることが重要であるとした（中村 2013:55-83）。それはすなわち、科学者や技術者にとって、専門知と生活知との「総合」、「総合知」が極めて重要な意味を持つことの指摘だと理解される。そして、中村はその具体的な方法を哲学の大森荘蔵の「重ね描き」の議論（大森1994）に求めている[10]。

ここで、大森の「重ね描き」とは、「略画」と「密画」の二つの手法によって自然、人間、そして世界を描きだし、対象理解を豊かにする試みの提案である。それは、自然科学が生き物を生き物として理解する新たな方法論とも言い得る、新しい科学の試みでもある。と言うのも、ガリレイとデカルトに象徴される17世紀以来の「科学革命」は、それ以前の「物活論」を否定し、物質の本質（客観）を延長と運動に限り、色彩や香り等を人間の感性に依存する曖昧な性質（主観）として排除することで、生命に溢れる自然、人間、そして世界への理解を「死物化」してしまった、と大森が批判的に捉えているからである。すなわち、「略画」とは「科学革命」以前の自然、人間、そして世界理解の手法（知覚的描写）であったのに対し、「密画」とはそれ以後の近代科学を駆使した自然、人

間、そして世界理解の手法（物理的描写）を指しているのである。つまり、近代以降、それまでの「略画」が密画化され、「略画」は未開の文化として排除されて、今日まで自然、人間、そして世界理解の「死物化」が進行してきたのは間違いであり、そこで人間の世界理解における「略画」の意義を復権することで、近代科学の成果としての「密画」を否定することなく、両者の相乗効果によってより豊かな対象理解が可能となる、とするのが大森の主張である（大森 1994:7-20）。その意味において、大森の「重ね描き」の議論は、近代科学の「知のあり方」に関する問題点の指摘と、同時にその解決策の提示でもあったわけである。

これを中村の問題提起に当てはめれば、科学者や技術者の専門知とは「密画」に当たり、生活知は「略画」に相当するだろう。そこで「重ね描き」とは、両者を「総合」することであり、その意味での「総合知」を得ることであると理解される。これに関し、先に触れた原発事故への反省から、「新しい科学のあり方」の根本を「科学者自身が日常的な、生活者としての感覚を持って、自然と向き合うこと」だと強調する中村は、「総合的に自然を見るには、学問と学問の融合でなく、人による融合が必要」だとする（中村 2013:83）。なぜならば、その主張の背景にある大森の「重ね描き」の論理は、知覚的描写（略画）のみを重視するのも、物理的描写（密画）のみを重視するのも、共に誤りであって、両者は併記されるべきである、とするからである。すなわち、大森自身にはそれら二つの描写の学問的な次元における融合や総合という発想はなく、中村の主張通り、人を媒介とした両者の融合や総合という見方が妥当であり、その意味で大森の「重ね描き」の論理は極めて人間中心的（主観的）である、と言えるだろう。

重要なのは、そうした融合や総合の媒介となる場合の「人」とは、いわゆる「人間一般」には決して止まらない、と理解される点だ。なぜならば、大森の議論におけるここでの「人」とは特殊な「個人」を指しており、その

「心の透明性」を抜きにして、「重ね描き」の意義は保ちえないからである。すなわち、自分の心の動きこそ、当人にとって微塵もごまかしようのないもので、もっとも明白で確実なものであり、その確実性を媒介にした「重ね描き」にこそ、知覚的描写（略画）と物理的描写（密画）の不一致をも「『理にかなった』世界観」として正当化し得る根拠が担保されているからである（大森 1994:22）。ただし、留意すべきは、この「透明性＝確実性」は極めて狭く限られており、自分ではない他人の心はむしろ不透明である、という点だ。しかし、それでもなお、私が他人を理解しうるのは、「他人を私に似た心の動きをするものとして、つまり『私に擬して』他人を理解している」からである（同:24）。そしてそれは、人間ではない動物に対しても、生物ではない自然、或いはその他のものに対しても、その「心」を「私に擬して」等しく理解しようとする人間の基本的態度の現れにほかならない、と考えられ、それが「アニミズム」だと大森は言う（同:25）。

筆者はこの「アニミズム」という大森の用語使用の適否をここで詳しく論じようとは思わない。無論、「アニミズム」を「物活論」としてのみ解すれば、確かにそれは科学を論ずる本小論にとっても奇異に響くし、三木も戸坂も伊藤も、それを認めることはないだろう。しかし、大森の「アニミズム」理解の中心は、決して「心」や「魂」にあるのではなく、むしろ、「私に擬して」万物を理解しようとする人間の基本的態度に置かれている。この「私に擬して」とは、「知のあり方」の中心に「自分」を位置付けようとする点で本小論のこれまでの主張との親和性が高く、その意味で、大森の「重ね描き」における「アニミズム」の主張は、「自覚」が人間学を基礎づけるとした三木のテーゼや、道徳に「自分」を位置付ける必要を説いた戸坂の試み、そして、それらの視点を継承し得る「教養の要素としての形而上学」の必要を説いた伊藤の議論に通底している、と考えられる。ならば、この大森の「重ね描き」の主張こそ、総合人間学において求められる「知の総合」の具体的な方法論なのだろうか。

そこで、前節で取り上げた伊藤の議論（伊藤1996）と大森の「重ね描き」の主張の対応関係を見てみると、両者は共に科学の「知のあり方」の批判から出発しており、その意味において、伊藤の「科学理論の垂直構造」（図1）での指摘は、大森の論じる「密画」の性格と見事に符合している、と言える。それは、人間理解の文脈における科学（自然科学）に対する批判的理解が比較的容易に共有可能だからでもあろう。

それでは、伊藤の「形而上学の水平構造」（図2）と大森の「略画」の主張との関係はどのように説明し得るのであろうか。その答えは、伊藤の「形而上学」と大森の「アニミズム」との知的特性の一致如何にかかっているように思われる。既に述べた通り、前者の理解のポイントは、それが現実の世界に「説明」を与えるものではなく、むしろ「意義」を与えようとする知的活動であることだ。すなわち、「世界がこうなっていること」や「自分がここにこうしていること」を確定するために、「現実の世界」を意義的に拡張するのである。これに対し、後者の知的活動は現実の世界に「説明＝意義」を与えることであり、この点で両者の議論の前提となる「知のあり方」には決して小さくないズレが認められる。ここで重要なのは、「説明」を与える知的活動と「意義」を見いだすそれとは、厳然と区別される必要がある、ということだ。なぜならば、そうした区別がなければ、戸坂の言う「二つの秩序界」の相違は曖昧なものとなり、「自分（私）」が歪な仕方で反映された「意義的に拡張された世界」によって「現実の世界」が置き換え可能なものとなるからであり、そこに、かつてカントが批判した意味での「伝統的形而上学」が復活してしまう可能性が潜んでいるからである。つまり、伊藤の限定的な「形而上学」の主張がカントの批判するそれと異なる論拠はそこにあり、同時に、「科学革命」以前の自然、人間、そして世界理解の手法を無批判に受け入れる大森の「アニミズム」の主張の危うさもそこにある、ということだ。

ならば、その限界を超えて、総合人間学の「知の総合」に大森の「重ね描き」の手法を適用しようとするのであれば、その場合の「略画」の描き方には一工夫必要となるだろう。それは、伊藤が「形而上学の水平構造」で説いたように、「意義的に拡張された世界」（意義）を描くことである。なぜならば、「私に擬して」世界を理解しようとする大森の「アニミズム」が「私」という主観一色の知の体系（説明＝意義）に帰結するのに対して、伊藤の「形而上学」は「自分」と「現実の世界」の視点の両方を区別する仕方で含んでおり、戸坂の指摘にもあった「存在の体系」に「意味の世界」を付加する点で、そこに「私」という「意味の次元」とは異なる「存在」の契機（客観性）が予め担保されていると考えられるからである。そして、むしろそうでなければ、「自分（私）」という角度から「現実の世界」を理解することは出来ず、専門知と生活知とを「人」を中心に総合し得るとする中村の期待に反し、大森の「重ね描き」の試みは「自分（私）」一色の「絵に描いた餅」にしかならないだろう。

したがって、「自分（私）」を位置付けるのみならず、そこに諸科学の専門知をも結びつけることが出来る総合人間学の「知の総合」のあり方とは、大森の「重ね描き」の手法を基調としつつも、その「略画」の描写においては伊藤の「形而上学」の手法を用いる知的活動だと、筆者には理解されるのである。

おわりに

「総合知」に「自分（私）」を位置付けること。そのための「知の総合」のあり方として、大森（1994）の「重ね描き」の手法を基調としつつも、その弱点を補うために、伊藤（1996）の「形而上学」による知的活動を組み入れること。これが、本小論の示す総合人間学の「知のあり方」であり、その目指すべき「知の総合」の実践手法である。それは、第14回研究大会（2019年6月）のシンポジウムの試みとも決して無縁ではない。と言うのも、このシンポジウムの主題の一つは、種々の「いのちの現場」における「いのちのゆれ」をサポートする「専門知の総合のあり方」（「実践知としての総合知」）を問うものであり、問題を抱える当事者は勿論、そこに関わる専門家も当事者意識を持って問題に臨むべき点で、各々の特殊な問題解決に向けた「実践知としての総合知」に「自分（私）」を位置付けることの必要性が問われていたからである。

その意味において、そこでは「私に擬して」との大森の視点は極めて重要なものとなる。例えば、筆者はパネリストの一人である種村完司のグループ別討論の司会・運営を担当したが、「いのちの電話相談」において、相談者と相談員との関係性構築の基盤はその懸案事項の問題意識への共感にあり、後者は「私に擬して」前者を理解することが大前提となるからである(11)。それは人間が感情の生き物である以上、一方では極めて重要なことである。しかし、他方では、両者が共にその問題意識の泥沼（感情の次元）にはまったままでは詮無きことでもあり、そこに相談員の「社会科学的知性」の発揮が要請されると、パネリストの種村は強調した。それはちょうど、戸坂（2001）の「道徳」論が特殊な存在としての「自分」と社会科学の視点（社会における個人）とを区別しつつも関わらせて理解する「知のあり方」の重要性を主張したのと同じである。

無論、「自分（私）」が単独で行う「知の総合」のあり方と当事者を中心にして複数の人間（専門家）がかかわるそれとが全く同じであるとは言えないだろう。しかしそれでも、「私に擬して」の視点から「重ね描き」による「知の総合」を目論見る時、そこに「自分（私）」と「現実の世界」との両方の視点を含み得るのであれば、当事者意識を持つ専門家はその専門知を意義的に拡張することで、当事者の描く「略画」に接続し得る当事者性を帯びた「密画」を提供し得ると考えられるのである。

してみれば、複数者の関わる「総合知」においても、「自分（私）」を位置付け得る人間学（三木）の試みとして理解される、「偉大な真の常識」としての「道徳」論（戸坂）や、「教養の要素としての形而上学」の主張（伊藤）は共にそれ自体が「知の総合」の在り方として極めて重要なものであることは論を待たない。但し、そうした「常識」や「教養」の次元に留まらず、そこに諸科学の「専門知の総合」をも目論見るところに総合人間学の理想とする独自の「知のあり方」があることは改めて銘記される必要がある。

〔あなみ　しんいち〕

注

（1）2006年の「学会設立趣旨」を読んで大変興味深いのは、「総合知」という言葉がどこにも出て来ない点である。出て来るのは「全体知」（「人間に対する全体知」）であり、それに迫ることが学会活動の目指すところだとされている。しかし、そもそも、目標とされる「全体知」に明確な規定は見当たらず、「専門知」に対立する概念として使用されている点のみが確認できる。それでも、「総合知」という言葉が会員間であまり違和感を伴わずに使用されてきたのは、そこに何らかの一定の理解が共有されている証でもあろう。また、それを裏付けるかのように、2019年の「学会趣旨（新版）」には、「総合知」の文言が初出している。両文書は「総合人間学会ホームページ」（http://synthetic-anthropology.org/）にて閲覧可能である。管見に従えば、本学会が知ろうとしているのは「全体知」なのだが、それはあくまで最終目標であり、実際は「総合知」を得る知的活動を繰り返す中で、その成果を体系的に整序し、目指される「全体知」に接近し続けようとしているのだと理解される。それは「専門知」と「全体知」との対立関係を「総合知」を媒介にして調停し、諸科学の知（「専門知」）を各専門分野の垣根を越えて、「全体知」に還元する知的活動のルート（「専門知─総合知─全体知」）を切り拓く試みとして理解される。

（2）M・ポラニー（1985）長尾史郎訳『個人的知識──脱批判哲学をめざして』ハーベスト社、参照のこと。総合人間学理解の文脈において、筆者はこの著作を高く評価しているが、それは著者のポラニーが「個別・特殊・主観」VS「一般・普遍・客観」との二項対立的な従来の評価基準の図式を解体し、「主観＝普遍」とする「知のあり方」の可能性を力強く示し得ているからである。しかし、筆者はこのポラニーの著作を本小論の参考文献には加えない。それは、本小論執筆後にこの著作を読んだという単純な事実に基づくものである。

（3）拙稿（穴見2020）は「総合人間学会ホームページ」にて、どなたでも閲覧可能である。

（4）「自然科学的アントロポロギー」や「哲学的アントロポロギー」との用語使用を見る限り、三木の『哲学的人間学』の試みは、「哲学的人間学」（die philosophische Anthropologie）の提唱者とされるマックス・シェーラーの『宇宙における人間の位置』を一つの背景としているように思われる。哲学の梅本克己（1968）によれば、ここで、「哲学的」と限定するのは、「アントロポロギー」本来の意味が生物としての人間を対象とした「人類学」であったからであり、その意味では、「哲学的人類学」とすべきところだが、日本の哲学者たちはその試みの意を汲み取って、「哲学的人間学」とした、とされる。尚、読み易さを優先させ、三木（1968）からの引用はすべて、新字体に改めている。

（5）総合人間学で「哲学」が果たす役割への期待は「設立趣旨」にも垣間見られるが、より明示的には小原（2007：74-75）がある。

（6）「総合の方法論」の十分な検討無しに試みられる「総合」のほとんどが失敗に終わるとの懸念は半谷（2007）に強調されている。

（7）（図1）は伊藤（1996:165）から、（図2）は同書（178）から各々転載したものである。

（8）ここで伊藤（1996）は、現実世界を数学を用いて描写することが、個別事象の非本質化を招く原因としているが、後述する大森（1994）の「密画」に関する議論――「数量化に対する誤解」（同:116-118）・「数量化の意味」（同:119-120）では、そのような論調に対して批判的である。

（9）戸坂は『思想としての文学』の第1項でも、極めて明瞭に「形而上学」を批判している。

（10）中村（2013）の議論は、マイケル・ポラニーの「暗黙知」やオギュスタン・ベルクの「風土」、あるいは中沢新一の「アニミズム」の議論にまで及んでいて大変興味深く、それらを総合人間学の文脈で把握し直すのも意義なしとはしないが、紙幅の関係上、ここでは中村の議論の基調となる大森（1994）の「重ね描き」に特化して議論を展開している。

（11）「いのちの電話」の相談員は、医者や弁護士等の意味での専門家ではない。しかし、一定の条件の下に選ばれた集団の構成員である点において一般の市民とは異なるのであって、特殊業務に携わっている点ではむしろ専門家であるとも言い得る。

参考文献

穴見愼一「〈第14回研究大会シンポジウムプレ企画〉「総合知」と「全体知」―私たち（本学会）は何を知ろうとしているのか？」総合人間学会編『総合人間学研究第14号』（オンラインジャーナル）、２０２０年、69～81頁。

伊藤笏康『科学の哲学―人間に何が分かるか』放送大学教材、１９９６年。

梅本克己「Ｉ 人間論の系譜と今日の問題状況」務台理作・梅本克己編『岩波講座　哲学Ⅲ―人間の哲学』岩波書店、１９６８年。

大森荘蔵『知の構築とその呪縛』ちくま学芸文庫、１９９４年。

小原秀雄「試（私）論―総合人間学のめざすもの」総合人間学会編『〈総合人間学1〉人間はどこにいくのか』学文社、２００７年、72～84頁。

戸坂　潤『道徳の観念』（『京都哲学撰所第10巻　戸坂潤　科学と文学の架橋』）燈影舎、２００１年。

中村桂子『科学者が人間であること』岩波新書、２０１３年。

半谷高久「総合人間学会の課題と方法論」総合人間学会編『〈総合人間学1〉人間はどこにいくのか』学文社、２００７年、１５９～１６１頁。

三木　清『哲学的人間学』（『三木清全集　第十八巻』）岩波書店、１９６８年。

対話／熟議の場を生成するファシリテーション

徳田太郎

1　はじめに

ためらいの中から、おずおずとつぶやきが生まれる。つぶやきはやがて確かな声となり、言説が育まれる。そしてそれは、いずれ輿論を形成し、法や政策、司法判断へと結実していく。

たとえば、２０１７年以降の「#MeToo ムーブメント」（セクシャルハラスメントや性的暴行の被害体験を告白・共有する一連の動き）などを想起してもよいだろう。あるいは、２０１６年の「保育園落ちた日本死ね」と題したブログに端を発する待機児童問題をめぐる社会運動なども、その一例かもしれない。

そのように目立った形ではなくても、たとえば被災地での足湯ボランティア、子ども食堂や高齢者サロンなどで、小さなつぶやきが拾われ、社会的なアクションのきっかけとなるような例は多い。また、地域づくりワークショップのような場で、なかなか発言できなかった参加者がようやく口にした言葉が、その場の流れを変え、地域での新たな活動につながるようなこともしばしばである。

本稿が主題とするのは、人々が抱える葛藤が言葉となり、やがて地域や社会を動かしていく一連の流れにおいて、ファシリテーション／ファシリテーターは、どのような機能を果たしうるのか、という問いである。

この問いに対するアプローチは、様々なルートが考えられる。ファシリテーションに関しては、社会学、心理学、経営学、教育学など、多くの領域で知見が積み重ねられており、また経験的・実証的に分析するのか、規範的・理論的に考察するのかという違いもある。

本稿では、政治理論、とりわけ熟議デモクラシー論を導きの糸として、この問いにアプローチしていく。なぜ政治理論なのか。「輿論が法や政策へと結実していく」流れが〈政治〉に関わるものであることは異論がないだろう。しかし、「ためらいの中からやがて言説が育まれる」場もまた、集合的な行為であり、力関係が伴う〈政治〉の場である。この2つの政治、すなわちミクロ政治とマクロ政治とをつなぐ過程にファシリテーターが関与している、あるいは関与しうるのだとしたら、そのありようを考察するヒントは、政治理論の中に存在するはずである。

後に見るように、熟議デモクラシー論においては、少ないながらもファシリテーション／ファシリテーターに関する研究が存在する。しかし、熟議デモクラシー論における「熟議の場」の捉え方が広がりを見せる中、ファシリテーターに関する考察は、依然「ミニ・パブリックス」と呼ばれる限定的な場に留まっているのが現状である。本稿は、このギャップを埋めることへの試みでもある。

以下、第2節では、熟議デモクラシー論においてファシリテーション／ファシリテーターがどのように論じられているかを概観した上で、個別の熟議の場や実践を超えてそれらの全体としての相互作用を把握しようとする「熟議システム論」の視座から、ファシリテーション／ファシリテーターの役割を捉え直すことを論じる。そしてその具体的なありようを、第3節ではアイルランドの「婚姻の平等」法制化の過程から、第4節では筆者自身の「いばらき原発県民投票の会」での実践から考察する。

2．熟議デモクラシー論におけるファシリテーション

（1）熟議／ファシリテーションをめぐるジレンマ

西欧の諸言語においては、ファシリテーション（に相当する語）は、決して特殊な言葉ではない。ファシリテーション（facilitation）の動詞形、facilitate の語源は、ラテン語の「facilis（たやすい、容易である）」に「-ate（～させる、～する）」という接尾辞がついたものである。つまり、「～を容易にする（make easy/easier）」「～を円滑にする（make smooth/smoother）」という意味の、ごくありふれた言葉である。

しかし、ことさらに「ファシリテーション」自体に光を当てる場合には、それは「複数の人々の関係や共同行為を支援・促進すること」、やわらかく言えば「人と人、人とコトとの〈つながり〉や〈かかわり〉を後押しすること」として捉えられ、中でも「話しあいを支援・促進する技術」として位置づけられることが多い。したがって、狭義においては、ファシリテーションとは「話しあいの技術」であり、ファシリテーター（facilitator）とは「話しあいの進行役」であると理解することができるだろう。

一方、「話しあい」を中心にデモクラシーを構想するのが、熟議デモクラシー論である。熟議（deliberation）とは、

「共通の関心に関する選好、価値、利害を衡量し熟考する相互コミュニケーション」（Bächtiger et al. 2018:2）であり、熟議デモクラシー（deliberative democracy）とは、そのような熟議を中心に据えたデモクラシーの実践である（Ibid.）。

したがって、熟議デモクラシー論においては、ファシリテーションあるいはファシリテーターに関する研究が多数存在してもおかしくないはずである。しかし実際のところ、それはあまり多くない。最新の文献においても「特筆すべき例外を除き、ファシリテーターの役割にはあまり注意が払われていない」とされているほどである（Escobar 2019:192）[1]。

その原因を、クラウディア・ランドヴェーアは2つの視点から説明する。1つは経験的・実証的な分析の視点であり、デモクラシーの実践プロセスにおいて、ファシリテーションの有無による実験群と対照群とを組織して比較することの困難さである。そしてもう1つは、規範的・理論的な視点である。熟議デモクラシー論においては、たとえばハーバーマスの「理想的発話状況」（「論拠の力」以外に強制力が働かない状態）を基準とするならば、ファシリテーションなどの仲介行為もまた批判の対象となる。ファシリテーターの存在は、「対等な者の間でのコミュニケーションが最良であるという理論の前提に疑問を投げかける」のだ（Landwehr 2014:82-83）。

しかしこのことは、実際の熟議の場においてファシリテーターが存在しない、あるいはファシリテーションが機能していないということを意味しているわけではない。むしろその逆で、現実的には存在しない「理想的発話状況」に少しでも近づけるために、熟議の場においては積極的にファシリテーションが用いられている。

（2）仲介行為とファシリテーション

では、実際の熟議の場においては、どのようなファシリテーションが行われているのだろうか。引き続きランドヴェーアの議論を追ってみよう。ここで留意すべきは、彼女は仲介行為（intermediation）とファシリテーションとを区別しているという点である。

ランドヴェーアは、熟議における仲介者に割り当てられた任務を、次の5つに整理している（Landwehr 2014:79-82）。1つめは「熟議を構成（制度化・組織化）すること」。特にその熟議がマクロな政治制度や意思決定プロセスと密接に結びつくほど、制度化や組織化が必要となる。2つめは「手続規則を適用すること」。手続規則の維持は、特に参加者数が多くなればなるほど、より困難で重要なものとなる。3つめは「感情を抑制し、理性的なコミュニケーションを実現すること」。熟議論者の中には、政治における感情（emotions）の重要性を強調し、たとえ個人的ナラティブであっても「包摂」という観点から肯定的に評価されるべきであると主張する論者もある（この点については後述する）。しかし彼女は、「それにもかかわらず、理性的な議論の利点を覚えておくことは重要である」とし、特に、立法プロセスにおける提言を行うような熟議においては、一般化可能な議論が不可欠であるとしている。4つめは「内在的な包摂と、多元的な議論を確保すること」である。熟議の場における権力関係は、社会全体の権力関係を再現する傾向がある。仲介者には、参加者間の発言量の多寡や影響力の大小により、参加者の包摂性と議論の多元性が損なわれることを回避することが求められる。そして5つめは「要約し、集約し、意思決定に導くこと」である。これは様々な問題を孕む任務である。集約と意思決定が、熟議者自身に任せられず、仲介者に引き継がれる場合、熟議はテクノクラートによる意思決定プロセスへの単なる入力に堕す危険に直面するからである。

さて、このような仲介行為とファシリテーションとは、どのように関係しているのだろうか。ランドヴェーアは、「仲介者には4つの役割がある」とし、先の5つの任務と結びつけて定義している（1つめの「熟議の構成」は、仲介者ではなく主催者の役割であるとしている）（Landwehr 2014:83-89）。すなわち、手続規則の適用を担うのはチェア、理性的なコミュニケーションの実現を図るのはモデレーター、要約・集約・意思決定に導くのはメディエーターであるとし、ファシリテーターの役割として特に重要となるのは、内在的な包摂と多元的な議論の確保であるとしている。あわせて、これらの任務・役割のうち、どこに力点が置かれるかによって、相互作用の様式が異なってくるとし、手続規則の適用が重視されれば討論（debate）に、理性的なコミュニケーションの実現が重視されれば議論（discussion）に、要約・集約・意思決定が重視されれば交渉（bargaining）に近づいていくとしている。そして熟議は、一方では真実または規範的な正当性の追究、他方では妥協または合意による調整という2つの側面を有するため、ファシリテーターの任務は多面的なものとなる。たとえば、チェアと同様に手順のルールを守るが、より柔軟な対応が求められる。モデレーターのように、時には動揺している参加者を落ち着かせなければならないことがあるが、個人の経験談が重要な機能を果たすこともあるため、それを妨げるべきではない。メディエーターと同様に、合意の得られている点を指摘し、議論を要約することができるが、結果を集約したり、提案したりすることは慎むべきである──というのだ（Landwehr 2014:88-89）。

（3）「包摂性と多元性」の2つのレベル

このように多面的な任務を担うファシリテーターだが、ランドヴェーアが最も重視するのは、「内在的包摂および多元的議論の確保」である。先に確認したように、熟議は「一方では真実または規範的な正当性の追究、他方では妥協または合意による調整」という2つの側面を有している。ランドヴェーアは、後者を実現するために必要なのが内在的包摂で、前者において必要なのが多元的議論であるとしている（Landwehr 2014:87）。

プロセスへの参加者の貢献と、成果に対する参加者の支持は、比例する可能性が高い。消極的な参加者は、特に少数意見を持っている場合、発言ではなく離脱を選択しがちである。したがって、妥協または合意による調整を成功させるには、反対意見の不存在が合意であると誤解されないようにすること、消極的なメンバーを励まし、過度に支配的なメンバーを抑えることが必要となる。これが内在的包摂の確保である。

一方、真実を追究し、正当性を評価するためには、異なる議論（argument）や見解の多元性を確保することが重要である。社会人口統計学的に偏りのないグループが構成されたとしても、特定の問題に関する意見には偏りがあるかもしれない。ファシリテーターには、そのような場合に生じうる分極化や集団思考を、可能な限り公平性を保ったまま防ぐことが求められる。たとえば、「もし誰かがそれを『pはqだ』と主張したら、あなたはどう答えますか?」のように、視点を提供する問いを発することなどが考えられるだろう（Landwehr 2014:88）。

確かに、これらはファシリテーターとして重要な働きかけであるといえる。しかし同時に、ランドヴェーアの議論には、2つの前提があることを確認する必要がある。1つは、彼女が想定している熟議の場が、無作為抽出により社会の縮図を構成することで政治的平等を実現しようとする「ミニ・パブリックス」に限定されているという点である。そしてもう1つは、「熟議を構成（制度化・組織化）すること」を、仲介者ではなく主催者の役割であるとしている点である。

はたして、この前提は妥当なのだろうか。それを考えるヒントは、実はランドヴェーア自身が「内在的包摂および多元的議論の確保」の重要性を論じる際に参照している2つの研究に求めることができる。

まず、「内在的包摂」の議論において、彼女が参照しているのは、アイリス・M・ヤングである。ヤングは、議論や意思決定の場に包摂されるべき個人や集団が排除されている状態を「外在的排除」、形式的にはそのような場やプロセスに包摂されているものの、自分たちの主張が真剣に取り上げられていない、対等な敬意をもって扱われていないと認識される状態を「内在的排除」と呼んでいる（Young 2000:53-55）。すなわち、内在的な包摂は、外在的な包摂が確立していることが前提であるといえるだろう。そして、田村哲樹によれば、この外在的排除に対応するためにヤングが構想したのが、「社会内部で抑圧され、不利益を被っている集団の構成員のありのままの声や視座を効果的に代表し認知しうる機構」としての「集団代表制（group representation）」である（Young 1995:188-189=1996:111、田村 2017:198-199）。

また、「多元的議論」に関して参照されているのは、ジョン・S・ドライゼクとサイモン・ニーマイヤーの議論である。ドライゼク／ニーマイヤーは、「代表」概念を捉え直す文脈において、「すべての個人が代表されることよりも、関連するすべての言説が代表されることが、熟議の質にとってはより重要である場合がある」と述べている（Dryzek and Niemeyer 2010:44）。そして、そのために彼らが構想しているのが、諸言説を適切に代表するために、無作為抽出ではない方法で選出された「言説院（The Chamber of Discourses）」である（Dryzek and Niemeyer 2010:50-52）。

つまり、いずれにおいても、政治的平等を実現するためには、無作為抽出により社会の縮図を構成するだけでは足りない場合があるということを前提としているのだ。「ミニ・パブリックスのみを熟議民主主義の場として考えることは、熟議民主主義の多様な制度的・実践的可能性を切り詰めてしまうかもしれない」（田村 2017:184、傍点は原文）。熟議はあくまでもコミュニケーション様式であり、それが具現化する制度・実践には様々なものがありうるからである（田村 2017:189）[2]。ヤングにせよ、ドライゼク／ニーマイヤーにせよ、政治的平等を実現するための場として構想しているのは、ミニ・パブリックスではない。そうであるならば、ファシリテーターの役割も、ミニ・パブリックス内の包摂性と多元性の確保というミクロ政治だけに焦点を当てていては、不十分なものとなってしまうのではないだろうか。

そしてそうであるならば、ランドヴェーアが主催者の役割であるとして考察の外に措いた「どのような熟議の場を構成（制度化・組織化）するのか」という問いが、改めて重要となってくる。ここに、ファシリテーターが関与するということは考えられないのであろうか。

この問いは、熟議ファシリテーションに関する研究では回避されることが多い。たとえばアルフレッド・ムーアは、「誰が、いかにして、そしてなぜミニ・パブリックスを組織化するか」によって、問題が保守的な枠にはめられ、批判的な活動が弱体化されたり、急進的な変化が避けられたりする可能性があることに警鐘を鳴らしている（Moore 2012:149）。ところが彼はその直後に、「これらの危険性は、組織化された熟議が行われなければならない広範な文脈にとっては明らかに重要であるが、『部屋の中で』熟議ファシリテーターが直面する具体的な課題には間接的に関係しているにすぎず、ここではこれ以上説明することはない」と、論旨を転換してしまうのだ（Ibid.）。

しかし例外もある。たとえばオリバー・エスコバーは、ファシリテーターの仕事を「フロントステージ」と「バックステージ」に分けて分析することを提唱している（Escobar 2019:183）。つまり、参加型のフォーラムにおける言動だけをファシリテーションとして分析するのでは足りず、分析の対象を時間的・空間的に拡張し、舞台裏―そこには当然、熟議の場やプロセスを構成する作業も含まれる―をも検討する必要があるというのである。

この捉え方は、ファシリテーションの語義を考えれば妥当である。本節の冒頭で確認したように、ファシリテーションは、狭義と広義の2つのレベルで捉えることができる。狭義においては「話しあいを支援・促進すること」だが、広義においては、「複数の人々の関係や共同行為を支援・促進すること」である。つまり、表舞台、すなわち話しあいの最中における働きかけだけに着目するのではなく、より広い参加のデザイン、すなわち参加者の調整から議題の設定、プログラムの設計や報告書の作成といった、舞台裏での一連の作業も含めてファシリテーションと捉えることができるのである[3]。逆に言えば、そのような広義のファシリテーションを意識することなくしては―仮に熟議フォーラム単体は熟議的な場となったとしても―真の意味で「包摂的な参加」と「言説の多元性」を実現するには不十分なものとなってしまうことがありうるのだ。

熟議のファシリテーションは、熟議デモクラシーのファシリテーションでもあるし、そうあることが求められているといえるだろう。

(4)「熟議システム論」からの捉え直し

さて、ファシリテーションという働きを、与えられた「部屋の中」あるいは「表舞台」での営みにとどめず、熟議デモクラシーのファシリテーションへと拡張していくならば―言い換えれば、ファシリテーターを「オーガナイザー」あるいは「キュレーター」としての機能（Escobar 2011:65-66）をも果たす役割として捉えるならば―、熟議の場を「制度化された、無作為抽出によるミニ・パブリックス」に限定することはできない。それはもはや「所与の場」ではなく、ファシリテーターによって「生成される場」として捉えていく必要があるだろう。そしてそのことは、熟議概念の見直し、あるいは拡張を伴うことになる。

その方向性として、ここでは2つの可能性を考えたい。1つはオリバー・エスコバーの「D＋Dプロセス」論、もう1つはジェーン・マンスブリッジらによる「熟議システム」論である。

まずは、エスコバーの「D＋Dプロセス」論を概観しよう。彼は、熟議を「情報に基づき、代替案を評価し、十分に理由を交換した上で意思決定・合意形成を行うことを目的とする、漸進的なコミュニケーション・プロセス」

であると定義する（Escobar 2011:34）。しかし一方で、このような考え方は「理性的（rational）」側面に偏重しているとして「関係的（relational）」側面を重視するアイデアを紹介し、これを「熟議の理論と実践における対話的転回（dialogic turn）」と位置づけている（Escobar 2011:38）。すなわち、個人的なナラティヴやストーリーテリングなどの感情的側面も考慮したコミュニケーション・プロセスを構築することで、平等や差異の尊重、包摂的な参加を実現しうるとしているのだ（Ibid.）。そして彼が提唱するのが、「D＋Dプロセス」という概念である。これは、対話（dialogue）がより有意義な熟議（deliberation）のための空間を開くことができる、というアイデアに基づくものである（Escobar 2011:41）。ここで対話とは、「世界観を広げ、視点を変え、相互関与のための認知的・感情的能力の両方に語りかけるようなコミュニケーション関係」である（Escobar 2011:16）。すなわち、まずは対話によって、探究と学習、意味の共有、理解と関係の構築がなされ、次に熟議によって、公的な理由の交換、代替策の評価、そして意思決定がなされるような、段階を追ったプロセスとして、熟議の場を再構成しているのである（Escobar 2011:41）。

次に、マンスブリッジらによる「熟議システム」論である。彼女らは、過去の熟議デモクラシー論が、議会やミニ・パブリックスなど、個々の熟議フォーラムにのみ焦点を合わせ、大規模なシステム内における場の相互依存性に焦点を当ててこなかったことを批判する。単一のフォーラムだけでは、決定のすべてを正統化するのに十分な熟議能力を持つことはできないのであり、デモクラシーは様々な機関や団体を含む複合体により成立しているのだ。よって、それらをシステムとして捉え、全体における相互作用を調べることが必要であると主張するのが、熟議システム論である（Mansbridge et al. 2012:1-2）。そして、システムアプローチによるメリットとして、①大規模な社会的観点からの熟議デモクラシーについて考えることが可能となる、②システムの部分間の分業を分析することを可能にし、それ自体は非熟議的な部分も全体的な熟議システムに重要な貢献をするかもしれないという可能性を考察できる、③個々の場に影響を与え、効果的な熟議の可能性を形作る大きな文脈上の問題や広範なシステムの不備を分析に導入することができる、という3点を挙げている（Mansbridge et al. 2012:2-4）。

それでは、要素間の相互作用によってどのような機能が果たされれば「優れた熟議システム」であると評価しうるのだろうか。マンスブリッジらは、熟議システムの3つの機能として、①事実や論理に基づくあらゆる側面からの熟考の結果として選好・意見・決定を生成する認知的（epistemic）機能、②市民の間に他者を理由・主張・視点の源泉として理解するような相互尊重を促す倫理的（ethical）機能、③平等の観点から多数の声・関心・懸念・主張を包摂することで正統性を担保する民主的（democratic）機能の3つを挙げている（Mansbridge et al. 2012:10-12）。ランドヴェーアの議論に引き寄せるならば、①は言説の多元性に、③は包摂的な参加に、そして②は根底においてその両者にリンクしているといえるだろう。

それでは、そのような熟議システムは、具体的にどのような要素から構成されるのだろうか。たとえばスティーブンソン／ドライゼクは、7つの要素を挙げている（Stevenson and Dryzek 2014:27-29）。その中には、集合的決定を創出するための制度上の熟議の場である「決定権限を付与された空間（empowered space）」、カフェ・バー・広場などの物理的な場所、インターネット上のフォーラム、種々の活動家（activists and advocates）が交わる場などを含む「公共空間（public space）」のみならず、家庭、職場、友人同士など、人々が会話を交わす場である「私的領域（private sphere）」も含まれている(4)。

ここまでの議論を整理しよう。まず、熟議の場＝ミニ・パブリックスではない。制度的なものであるとは限らず、メンバーも無作為抽出によるとは限らない。また、理性的な、あるいは意思決定や合意形成を目的としたものだけに限定する必要もない。その前段階としての対話も重要な要素として捉える必要があり、そこでは感情的側面も排除されるべきではない。さらに、一見「熟議的」とは見えないような場を無視することも適切ではない場合がある。そのような場も、システム全体として熟議の質を高めることに寄与することがあるからである。そして最後に、熟議は様々な領域で行われうる。公共空間だけでなく、私的領域におけるコミュニケーションも含めて捉える必要がある。

そして、そうであるならば、ファシリテーション／ファシリテーターについては、次のように言いうるだろう。すなわち、様々な領域において、数多くの対話や熟議の場を生成していくことで、包摂的な参加と言説の多元性をファシリテートすることが可能となり、そしてそのような働きをした者は、熟議デモクラシーのファシリテーターと呼ぶことができるのだ。

次節からは、具体的な取り組みを通じて考察を深めていくことにする。

3. 事例1…アイルランド「婚姻の平等」法制化過程から

(1) ミニ・パブリックスの熟議とファシリテーション

まず事例として取り上げるのは、アイルランドにおける「婚姻の平等（marriage equality）」の法制化過程である。2015年5月22日、アイルランドは国民投票による憲法改正で、性的指向にもとづく婚姻の制限の撤廃を行なった（投票率60・52％、賛成62・07％）。この事例は、「婚姻の平等」が国民投票によって認められた世界初の事例として注目されたが、同時に、ミニ・パブリックスでの熟議が憲法改正をもたらしたという点でも、世界で最初のケースであった。ただしここでは、ミニ・パブリックスでの熟議だけでなく、社会の中で多様な対話と熟議の場が広がっていた様子を見ていきたい。

アイルランドで「婚姻の平等」へとつながるミニ・パブリックスが発足したのは、2012年のことである。憲法会議（Constitutional Convention）と名付けられたミニ・パブリックスは、憲法を広範に見直すことを目的としており、性別・年齢・地域・教育・社会経済的地位などの面で代表性を担保するよう無作為抽出された一般市民が66名、国民議会の政党構成比にあわせて各党から選出された議員33名、議長1名の100名により構成された。「婚姻の平等」に関する討議は、第3回会議である2013年4月13～14日に行われた。小グループでの討議は、8人ずつのグループに分かれる円卓会議形式で行われた。各グループに2～3名となる政治家のメンバーは常に異なる政党からの代表者となるよう留意され、またテーブルのメンバー構成が毎回変わるよう、その都度割り振りが行われた。そして、各テーブルにはトレーニングを受けたファシリテーターとノートテイカーが配された。ファシリテーターの役割は、すべてのメンバーの発言の機会を確実にすること、議論が議題にとどまるようにすること、メンバーが他の意見を尊重するようにすることであった。ノートテイカーはメンバーの発言を書き留め、議論を可視化した。2日間の討議の終わりに実施された投票では、79％が「婚姻の平等」を認める憲法改正を支持し、7月2日にレポートが提出された。これを受け、エンダ・ケニー首相は同年11月5日、政府が勧告を受け入れ、「婚姻の平等」に関する国民投票を実施すると表明した。

終了後には、会議メンバーに対するアンケート調査が実施されたが、小グループに分かれての円卓会議に関しては、「他者の反応を懸念して自身の見解やアイデアを自由に述べる気にはならなかった」との設問に、85％が「いいえ」と答え、79％が「（円卓会議を通じて）自身の意見が変わった」と回答した（Suiter et.al. 2016:44）。オブザーバーや研究者からも、「メンバーが提示された情報と観点を元に真剣な関与を示していた」「同意が得られずとも、双方の発言が尊重されていた」との報告がなされた（Honohan 2014, Harris 2015）。また、政治家が参加することについては、当初、議論の支配を招くのではないかとの懸念が寄せられていた。しかし、学術・法律支援グループの検証では、ファシリテーターの存在によって、すべてのメンバーが相互尊重の雰囲気の中で平等に発言する機会を保障されていたこと、政治家自身も場を独占しないよう努力し、テーブルの他のメンバーが貢献することを奨励していたことが明らかとなっている（Farrell 2013:8-9）。このあたりは、まさに狭義のファシリテーションにより「内在的包摂や多元的議論が確保された」証左であるといえるだろう。

また、憲法会議においては、他のミニ・パブリックスには見られない興味深い特徴があった。ミニ・パブリックスにおいては、中立性・客観性への配慮から、アドボカシー団体はそのプロセスから排除されることが多いのだが、憲法会議においては、賛成・反対両派のアドボカシー団体に対して、会議メンバーへのプレゼンテーションの機会が与えられたのだ。スーターらは、それらの団体が「政治から疎外される可能性のある声をすくい上げる」重要な機能を果たし、「これによりインプットの正統性が強化されている」としている（Suiter et al. 2016:35-36）。憲法会議では、グランドルールの1つに「声の平等性」（equality of voice）が掲げられていたが、ヤングやドライゼクが指摘するように、何が「平等性」を担保するかは自明ではない。憲法会議の取り組みは、ミニ・パブリックスにおける平等性／代表性に再考を迫る、貴重な実践であったといえるだろう。

（2）キャンペーンと熟議的コミュニケーション

国民投票の実施が決まると、公共空間や私的領域での対話や熟議が増えてくる。ここでは特に、それをリードする賛成・反対両派のキャンペーンに焦点を当ててみたい。まず、スティーブンソン／ドライゼクが「同種の活動家が集まる場」も公共空間に位置づけていることを鑑みれば（Stevenson and Dryzek 2014:28）、キャンペーン内部における熟議というものもありうることになる。たとえば、以下のような記述は、その一つの具体的な例として評価することができるだろう。

> ２０１４年10月、Yes Equality は、ＬＧＢＴコミュニティ内のパートナー団体との情報交換と議論のための日を持ち始めた。これらの「プラットフォーム・ミーティング」には、ＬＧＢＴ団体からのサポーター、そして後には他の団体や個人が集まり、彼らが計画を聞き、国レベルで新たな戦略的思考に関する議論に参加する機会を提供した。（中略）ＧＬＥＮ、Marriage Equality、ＩＣＣＬのリーダーたちは、それぞれのシニア・スタッフとともに、時には１００人もの参加者による集会に取り組んだ。（Healy et al. 2015:81）

文中の「Yes Equality」は、賛成派キャンペーンの中核を担ったネットワーク組織である。ＧＬＥＮ（Gay and Lesbian Equality Network）、Marriage Equality、ＩＣＣＬ（Irish Council for Civil Liberties）という３つの団体を中心としつつ、35団体によって構成されたネットワーク組織であることを考えると、その内部においても様々な熟議があったことが容易に想定されるが、右の記述からは、さらに広範な個人や団体を巻き込んでの熟議の場が生成されたであろうことが見て取れる。

先にも触れた通り、従来の熟議デモクラシー論においては、アドボカシー団体などによる言論は、熟議とは相反するものとして扱われていた。たとえばジェイムズ・フィシュキンは、「(道徳的・政治的イデオロギーや利益集団によって動員され、強い意見を持って参加する人々による) 世間の議論は、偏見のない人々による理性的な意見の交換ではなく、すでに意見を確信している人物が他者を説得しようと発するメッセージのやり取りが基本形になっている」としている (Fishkin 2009=2011:86)。確かにこれらの団体は、自己の利益を実現するべく活動する集団であり、そこに「選好の変容」を見出すことは難しい (田村 2016:193-194)。しかし「たとえそうであっても、利益団体と熟議民主主義とが相容れないとは限らない」。熟議システム論の視座からは、「ミクロな集団利益の主張のマクロな熟議的効果」を考えることができるからである (Ibid.)。したがって、アイルランドの「婚姻の平等」国民投票において精力的に展開されたキャンペーンは、非制度的な公共空間をはじめ、様々な領域の熟議に影響を与える要素として検討することが可能となる。以下、実際のキャンペーンがどのようなものであったか、詳細に確認していくことにする。

国民投票の条文案は２０１５年1月23日に発表され、同月27日、有権者に情報提供を行なうための国民投票委員会が設立された。また国民投票の実施は、2月19日にテレビを通じて首相から発表された。実施日を早期に発表したのは、活動家に3ヶ月のキャンペーン期間を与えるためであった。そして、両派によるキャンペーンが始まる。

1つめの証言は、ウィル・キーンという男性によるものである。彼は25歳で生まれ故郷のロスコモンを離れ、ダブリンで性的マイノリティ団体のプロジェクト・マネジャーや「ダブリン・プライド」のボードメンバーを務めるなど、積極的に活動に携わっていたが、国民投票の前年、35歳でロスコモンに戻り、実家の農業を継いでいる。以下は、ロスコモンでのキャンペーン (戸別訪問) の様子である。

私は、自分が訪れたすべてのドア前で、同じフレーズを繰り返した。「私はウィル・キーンです。ポートラニー・ロードに住んでいます。月末に投票が行われることはご存知ですよね。私はあなたが賛成票を投じることを願っています。そして、私はあなたの疑問に答えるためにここに来ました」

それが私の取ったアプローチだった。私はゲイだと伝えた。対応が最も難しかったのは、反対派でも、宗教者でもなかった。（中略）私たちはお互いに敬意をもって接したが、彼らの意見は変わることはないと分かっていたからだ。対応が必要で、かつそれが最も難しかったのは、無関心な人々だった。それは私自身のためではなかった。私は、「これは重要な問題です。人口の10％の人々が、あなたに平等な人として認められたいと願っているのです」といった。（Bird 2016:134-135）

前節で、熟議システムの機能としてマンスブリッジらが「倫理的機能」を挙げていることを紹介したが、そこでは「相互尊重は、熟議の本質的な部分である」と強調されている（Mansbridge et al. 2012:11、傍点は原文イタリック）。他者と熟議することは、他者を理由・主張・視点の源泉として理解することであり、源泉としての地位を他者に与えないことはすなわち、熟議的影響力の可能性からその個人を排除することになるからである（Ibid.）。この観点から彼の言動を見てみよう。彼は、「疑問に答えるため」に訪問し、「お互いに敬意をもって接し」ている。すなわち、キャンペーンを一概に「非熟議的実践」と規定するのは誤りだろう。そこには、確かに熟議的な契機が含まれているのである。そしてさらに、彼は「人口の10％の人々が、あなたに平等な人として認められたいと願っているのです」と呼びかけている。これは、「何が正義か」「正義に適うのはどのような決定なのか」を問い直す呼びかけとして捉えることができる。つまり、キャンペーンの中には、「正義」を問い直す熟議が存在したのである。

2つめは、キャスリーン・シャーキーという女性による証言である。彼女は、毎日ミサに通う敬虔なクリスチャンだが、息子のノエルに「自分はゲイである」と伝えられてから活動に携わるようになった。そして、国民投票キャンペーンにおいては、地元のドニゴールで、息子と一緒に積極的な戸別訪問を展開する。

> ドニゴールにはたくさんの同性愛者がいる。それを伝えることを恐れている人もおり、それは公正なことではない。だから私は国民投票でノエルとともに立ち上がったのだ。私が望むのは、息子が幸せに普通の生活を送り、他の人々と同じようにコミュニティに受け入れられることだけだ。私は毎日戸別訪問し、毎晩リーフレットを投函しに出かけた。（中略）いくつかの家からは拒絶されたが、どうでもいいことだった。私はすべてのドアをノックした。
>
> ある戸口で、私は若い女性とその家族に会った。彼女は私に「ええと、私は賛成票を投じるつもりだったのですが、教区の神父さまが説教で異なることをおっしゃったので、今、どうしたらよいか分からないでいるのです」といった。面白いことに、これに耳を傾けていた彼女の小さなお嬢さんがいった。「ママ、神父さまはいつも『私たちはお互いに愛し合うことが大切です』っておっしゃっているわ」。そのお嬢さんは7歳だった。私は「彼女のために投票してください」といった。「私は息子のために賛成票を投じ、神は彼や他のゲイの若者たちに休息を与えます。私はただ、彼らが幸せな人生を送るのを見たいのです」。（Bird 2016:140-141）

ここからも、相互尊重の雰囲気が伝わってくる。そして会話の中身は、まさに「互いに愛し合いなさい」という教義と正義をめぐる熟議として捉えることができる。

このようにキャンペーンが加熱してくると、日常的にも当該争点に関するコミュニケーションが増えてくるであろう。たとえば、前大統領であるメアリー・マッカリースは、次のように証言している。

> 男性、女性、若者が、正式なキャンペーンとしてではなかったが、食卓、職場、大学、商店、カフェ、パブ、ストリートにおける、数人の人々との、しかし何万もの私的な会話（private conversations）を通じて、変化に向けての静かな唱導者となった。（Healy et al. 2015:xiii）

（3）熟議システムにおけるファシリテーション

本節の冒頭で、この事例は国民投票によって「婚姻の平等」を実現した、またミニ・パブリックスでの熟議が憲法改正をもたらした世界で最初のケースであると述べた。しかしこのように見てくると、様々な領域での熟議的コミュニケーションが重層的に重なり合い、それらを通じて形成された意思が、最終的に国民投票によって表出されることで憲法変動をもたらした事例として捉えることもできるであろう。

このように、熟議をシステム論的に捉えるならば、ファシリテーターの存在もまた、捉え方を見直すことが可能となる。すなわち、制度的なミニ・パブリックスにおける、制度的なファシリテーターだけがファシリテーターではない。本人はそう名乗っておらず、そのように認識もしていないだろうが、様々な熟議的コミュニケーションの場を生成していくことで、システム全体として包摂的な参加と言説の多元性を促進しているならば、彼／彼女らの言動は、システムとしてファシリテーション機能を果たしているのである。

エスコバーは、以下のような興味深い議論を展開している。

ミニ・パブリックスの文脈では、ファシリテーターはしばしばプロセス設計者として行動し、熟議基準に従ってグループや全体会議の作業を促進する。参加型予算の編成プロセスでは、ファシリテーターは、コミュニティの様々な場所、実践、関心を動員しようとするコミュニティ・オーガナイザーとしての役割を果たすことが多い。しかし、異なる文脈、例えば、直接投票（referendum）や市民発議（initiative）の一環として、ファシリテーターは、より広い公的領域での会話のための空間を創出したり、有権者の一体性を確保したりする役割を担っているかもしれない。（Escobar 2019:180）

これを裏返せば、ファシリテーター的な役割を果たす人々の存在が、直接投票や市民発議を、より包摂性と多元性の度合いを高めるようなプロセスへと変容させうる、ということになるだろう。ここで参考になるのが、エレーヌ・ランデモアの直接投票論である（Landemore 2018）。

ランデモアの議論は、Cheneval and el-Wakil（2018）が提唱する「一般投票プロセス（popular vote processes）」という概念を受け継ぎ、発展させる形で展開する。すなわち、直接投票は「一般投票プロセス」の一つのカテゴリーにすぎず、そのプロセスは単純な形の「直接デモクラシー」とは異なるというのだ。

どういうことか。彼女によればそれは、「一般投票プロセス」という概念が、直接投票を、投票の瞬間以外の別の段階、たとえば投票を求める署名の収集などの事前の段階を含めて、つまり複数の段階を経て最終的に投票に至る多段階のプロセスとして考察することを可能にするからである（Landemore 2018:320-321）。そしてそのことは、デモクラシーにおける直接制／代表制の再考につながる。なぜなら、そのプロセスには、「代表」の要素や契機を含む可能性があるからだ。ただしここでいう代表は、選挙された代表者ではない。「署名収集のキャンペーンを開始し、特定の問題を他の一般市民にとって重要なものにすることによってプロセスを開始した少数派のメンバーは、より大きなコミュニティを代表して発言し、行動する役割を自ら選択する『市民代表』としての資格がある」と彼女は言う（Landemore 2018:321）（5）。したがって、多数の人々が参加し、結果として誰かが他の誰かに代わって行動する必要はないような、大規模な民衆参加の契機としての投票の瞬間は「直接デモクラシー」と呼びうるかもしれないが、そこに至るまでのプロセスを総体として捉えるならば、それは「オープンなデモクラシー」と呼ぶべきであると主張するのだ（Ibid.）。

その上でランデモアは、「一般投票プロセス」概念を、熟議デモクラシー論の観点から捉え直すこと、すなわち「署名収集から投票の瞬間に至るまでのプロセスをより熟議的なものにする、つまり、市民同士の議論のための空間と時間を確保すること」を含めて考察することを提案する（Landemore 2018:322）。

彼女の議論はしかし、「最近の直接投票の経験は、特にオンライン上の公共領域が、現時点ではむしろ機能不全に陥っており、容易に操作または歪曲されていることを示唆している」として、制度的なミニ・パブリックスを中心としたものへと傾斜していく（Landemore 2018:322-323）。もちろん、直接投票における情報の操作や歪曲に対する懸念を拭うことはできない（6）。しかし本稿では、この問題に立ち入るのではなく、彼女が「代表」として名指ししている、「署名収集のキャンペーンを開始し、特定の問題を他の一般市民にとって重要なものにすることによってプロセスを開始した少数派のメンバー」の果たす役割に着目したい。彼ら／彼女らが同時に「市民同士の議論のための空間と時間を確保すること」を意識したならば、その行為は「熟議デモクラシーのファシリテーション」であるとはいえないだろうか。

4．事例2：「いばらき原発県民投票の会」での実践から

その最適な例とは言いがたいが、筆者自身が関わっている、現在進行形の取り組みを紹介したい。

筆者の住む茨城県には、首都圏唯一の原子力発電所である東海第二発電所がある。東海第二原発は１９７８年に運転を開始し、２０１１年の東日本大震災で被災して以後は運転を停止している。しかし、運転開始から40年後の２０１８年、原子力規制委員会が20年の運転延長を認可した。これを契機に、東海第二原発の再稼働の賛否を問う県民投票を実現するための「いばらき原発県民投票の会」が発足し、現在も活動を続けている。

わが国の直接投票制度は、憲法によるもの、法律によるもの、条例によるものの３つに大別される。また条例に基づく直接投票は、首長提案によるもの、議員提案によるもの、住民の直接請求によるものの３つがあるが、いずれも条例の制定には議会の可決が必要となる[7]。茨城県での取り組みは、住民の直接請求により条例を制定し、その条例に基づいて県民投票を実施しようというものである。

表面的に見れば、いばらき原発県民投票の会が目指しているのは、まさに直接投票、すなわち「投票の瞬間」の実現である。東海第二原発の再稼働には、周辺６市村と茨城県の同意が必要となるが、その同意／不同意の意思表示が真に民意に支えられたものとなるためには、そのことをワン・イシューで問う県民投票の実施が必要である、という発想である。しかしその運動は同時に、「署名収集から投票の瞬間に至るまでのプロセスをより熟議的なも

のにする、つまり、市民同士の議論のための空間と時間を確保すること」に対し、非常に大きな力点が置かれている。

会の理念が最もよく表われているのが、「話そう 選ぼう いばらきの未来」というキャッチフレーズである。県民投票が実施されれば、すべての有権者が参加できることになり、多数の民意が包摂、反映される。しかしそれだけではなく、投票に至るまでのプロセスにおいて、推進／反対を問わず、多様な立場から出される情報に基づいて、県民一人ひとりが考え、話しあう機会を多数埋め込むことにより、練られた民意を得ること、そして包摂性と多元性の度合いを高めていくことを構想しているのだ。

では、具体的に、どのように熟議の契機を織り込んでいるのだろうか。直接請求による条例制定、そしてそれに基づく直接投票の実施という流れを考えると、大きく4つのフェーズに分けて考えることができる。受任者募集の段階、署名収集の段階、条例制定までの段階、直接投票実施までの段階である。

条例制定の直接請求には、都道府県および指定都市の場合は2ヶ月以内（それ以外の市町村の場合は1ヶ月以内）に、有権者の50分の1以上の署名が必要となる。署名を収集するのは、請求代表者か、その委任を受けた者（署名収集受任者）に限られている。すなわち、短期間で多数の署名を収集するためには、十分な数の受任者を確保する必要があるということだ。受任者を確保する期間には定めがない。したがって、この段階は熟議の場を多数設ける好機となる。

会が行ったのが、「県民投票カフェ」の企画・運営である。これは、東海第二原発の再稼働について、あるいは県民投票自体についてどう考えるか、お互いの意見を聴きあう場であり、受任者募集が始まった直後の、2019年4月からスタートした。署名収集期間開始までに、茨城県内の44市町村のうち41市町村で、計75回のカフェを開催し、一般参加者だけでも計981名、スタッフとして関わった主催者側の参加者も含めると、のべ1240名が対話に参加している。

「対話」と記したのには理由がある。参加のハードルを下げることを重視すれば、必要な情報の提供も含めて、2~3時間の場とせざるを得ない。その中で実現できる「共通の関心に関する選好、価値、利害を衡量し熟考する相互コミュニケーション」には限度がある。エスコバーの整理によるならば、「公的な理由の交換、代替策の評価、意思決定」を行うことは困難であろうし、むしろ不要である（たとえば、県民投票の実現に向けて署名をするかしないか、東海第二原発の再稼働に賛成するか反対するかを、この段階で決定する必要はない）。この段階で必要なのは、対話、すなわち「探究と学習、意味の共有、理解と関係の構築」である。よって県民投票カフェでは、「東海第二原発や県民投票に関する思いや考えを聴きあうことで、（それらに対する）自分なりの向きあい方をみつけるきっかけをつかむこと」をゴールとし、「ともに〈違い〉を味わうこと」「ともに時間を分かちあうこと」をグランドルールとして掲げた。

会ではその他に、「県民投票フェス」と題したフォーラムの開催やアウトリーチも行った。たとえば、2019年7月に開催された第2回の県民投票フェスは、県内の鉄道主要9駅の駅頭でシール投票を行うというアウトリーチであった。「再稼働の可否の判断に、どう県民の意思を反映するか?」をテーマに、知事や議会に任せるか、県民投票を実施するかの2択での投票を呼びかけたところ、計1379名が意思表示をした。これも単にシールを貼るだけではなく、言葉を交わし、考える契機としてもらうことが目的である。

これらの場では、実に多様な〈声〉が相互に聴かれた。会話はしばしば、東日本大震災時の経験から始まった。手塩にかけた農作物に出荷制限がかかってしまったときの悔しさとその後の苦難。当時、道路や橋が通行止めになったことを考えれば、30㎞圏内の市町村で策定している避難計画が果たして実効性のあるものになるのだろうかという不安な思い。そして多くの参加者が口にしたのは「原発について話すのはタブーだと思っていた」「こういう話ができた（聴けた）のは初めてだった」という言葉である。特に若い世代や女性からは、「反対運動ではないから参加しやすい、声をかけやすい」という意見も多く聞かれた。今まで東海第二原発について考えたことがない、もしくは関心はあるが詳しく知らなかった、という人々にとっては、カフェやフェスといった形式は好意をもって受け入れられたのだろう。そのような取り組みを通じて、署名収集期間の開始までに、受任者の登録は３５００名を超えた。

２０２０年1月、第2フェーズとなる署名収集が始まった。地方自治法に定められた厳格な手続きに則した署名ということもあり、一人ひとりが受任者と対面で、自筆で署名する必要がある。また、住所、氏名のみならず、生年月日も記し、捺印する必要もあるのだ。必然的に、受任者には署名の趣旨や効力を丁寧に伝え、疑問に答えることが求められる。街頭署名や戸別訪問においては、一枚の署名用紙を挟んで、問いが何度も問い直され、様々な思いや考えが交差する。原子力政策について、東海第二原発の再稼働について、県民投票の実施について、あるいは法や政策の決定過程そのものについて。受任者の側も、署名する側も、自らの感情や思考がスムーズに言葉になるとは限らない。つまずき、よろめきながらも、お互いの言葉が交錯し、不器用な編み目が織りなされていく。その繰り返しで、必要数の4万８６０1筆を大きく上回る、9万０８９９筆からなる署名簿が積み上がった。

本稿の執筆時点では、この第2フェーズが終わったところである。条例制定までの段階では、県民と県議会議員との間での様々な対話／熟議が育まれるであろう。そして県議会で審議・可決されれば、直接投票の実施に向けて、県や各種機関・団体から様々な情報提供が行われ、また賛成／反対両派からキャンペーンが展開されることで——

アイルランドの事例が物語るように――熟議的コミュニケーションが本格化するはずだ。したがって、茨城での「一般投票プロセス」は、まだ緒についたに過ぎない。

5．おわりに

「いばらき原発県民投票の会」が生成した対話／熟議の場は、決して制度的なミニ・パブリックスではない。また、必ずしも従来の基準からは「質の高い熟議」として評価することはできないかもしれない。さらに、一人ひとりの受任者が署名用紙を挟んで展開したキャンペーンには、非熟議的な実践も数多く含まれていたであろう。しかし、熟議システム論の観点からは、異なる評価が可能である。個々の小さな取り組みがシステムに貢献し、全体として包摂的な参加や言説の多元性の度合いを高めていたならば、それらの場を生成した者は、ファシリテーターとして機能していたといえるだろう。

もちろん、このような捉え方は、ファシリテーション／ファシリテーター概念の希薄化につながるおそれがある。オーガナイザーとは、あるいは活動家とはどう異なるのか。いわば「何でもあり」になってしまうのではないか。そのような疑問も当然にありうるだろう。これらの問いに答えることは今後の課題となるが、少なくとも、以下の2つはその際のヒントとなるはずである。

1つは、出発点となっているファシリテーションの定義である。ファシリテーションとは、「人と人、人とコトとの〈つながり〉や〈かかわり〉を後押しすること」である。あくまでも「後押し」、すなわち支援・促進であるというのは、重要なポイントとなるだろう。そしてもう1つは、本稿において中心的な課題であった、「包摂的な参加と言説の多元性」を確保し、その度合いを高めていくことが目的であるという点である。すなわち、様々な活動の中でも、包摂性と多元性の向上を支援・促進するところに力点を置くのがファシリテーションであり、そしてそのためには、所与の場におけるミクロ政治に働きかけるだけではなく、対話／熟議の場を不断に生成していくことが求められるのである。

〔とくだ　たろう〕

注

（1）この点については、後に見るLandwehr（2014）、Moore（2012）でも同様の指摘がなされている。

（2）田村はその他に、ミニ・パブリックスの性質はそれのみでは決まらず、どのような機能・役割を果たすかはそれ以外の制度との関係によるという点、ミニ・パブリックスはそれのみによって成り立つわけではなく、外部の諸アクターとの関係が熟議的であるかどうかが重要である場合もある点を理由として挙げている（田村 2017:189）。

（3）この「広義のファシリテーション」も含めたファシリテーションを、鈴木・徳田（近刊）では「ソーシャル・ファシリテーション」という概念を用いて整理を試みている。

（4）その他の4つは、伝導（transmission）、アカウンタビリティ（accountability）、メタ熟議（meta-deliberation）、決定確定性（decisiveness）である（Stevenson and Dryzek 2014:27-29）。

（5）ランデモアの「市民代表」論は、第2節（3）で言及したヤングの「集団代表」論や、ドライゼク／ニーマイヤーの「言説代表」論と併せ、代表制の再考という点において、対話／熟議の場の生成を考える際に重要な論点である。紙幅の関係もあり、いずれ稿を改めて詳細に検討したい。

（6）英国のブレグジット国民投票などを例に、直接投票に先立つ熟議過程の有無が認知的正当性に与える影響を論じる研究も数多く行われている。理論的・規範的研究としてはOffe（2017）などが、実証的・経験的研究としてはRenwic et al.（2018）などが挙げられる。

（7）わが国の制度においては、条例そのものを直接投票によって制定または改廃することは認められておらず、必ず議会での可決が必要となるため、市民発議とは異なる。また、条例に基づく直接投票は、法律に明記された首長と議会が有する権限の優位性を確保するため、その結果に拘束力をもたせることはできない。この2点からも、わが国の条例に基づく直接投票を直接デモクラシーの制度と呼ぶことには困難があるが、本稿ではこの問題には立ち入らない。

参考文献

鈴木まり子・徳田太郎『ソーシャル・ファシリテーション：「ともに社会をつくる関係」を育む技法』北樹出版、近刊。

田村哲樹「熟議民主主義と集団政治：利益団体・アソシエーション・集合性の構成」宮本太郎・山口二郎編『リアル・デモクラシー：ポスト「日本型利益政治」の構想』岩波書店、２０１６年。

田村哲樹『熟議民主主義の困難：その乗り越え方の政治理論的考察』ナカニシヤ出版、２０１７年。

徳田太郎・佐藤嘉幸「原発県民投票は民主主義をいかにヴァージョンアップさせるか：いばらき原発県民投票の会共同代表・徳田太郎氏インタビュー（聞き手＝佐藤嘉幸）」『週刊読書人』２０２０年1月24日号。

Bächtiger, Andre, John S. Dryzek, Jane Mansbridge, and Mark Warren (2018) "Deliberative Democracy: An Introduction," Andre Bächtiger, John S. Dryzek, Jane Mansbridge, and Mark Warren (eds.), *The Oxford Handbook of Deliberative Democracy*, Oxford University Press.

Bird, Charlie (2016) *A Day in May: Real Lives, True Stories*, Merrion Press.

Cheneval, Francis and Alice el-Wakil (2018) "The Institutional Design of Referendums: Bottom-Up and Binding," *Swiss Political Science Review*, Vol. 24, No.3.

Dryzek, John S. and Simon Niemeyer (2010) "Representation," John S. Dryzek, *Foundations and Frontiers of Deliberative Governance*, Oxford University Press.

Escobar, Oliver (2011) *Public Dialogue and Deliberation: A communication perspective for public engagement practitioners*, Edinburgh Beltane -UK Beacons for Public Engagement.

Escobar, Oliver (2019) "Facilitators: the micropolitics of public participation and deliberation," Stephen Elstub and Oliver Escobar (eds.), *Handbook of Democratic Innovation and Governance*, Edward Elgar.

Farrell, David M. (2013) "The 2013 Irish Constitutional Convention: A bold step or a damp squib?," John O'Dowd and Giuseppe Ferrari (eds.), *Comparative Reflections on 75 Years of the Irish Constitution*, Clarus Press.

Fishkin, James S. (2009=2011) *When the people speak: deliberative democracy and public consultation*, Oxford University Press.（岩木貴子訳『人々の声が響き合うとき：熟議空間と民主主義』早川書房）

Harris, Clodagh (2015) "Ireland's Marriage Referendum: A great day for equality and deliberation," https://deliberativehub.wordpress.com/2015/06/03/irelands-marriage-referendum-a-great-day-for-equality-and-deliberation（２０２０年３月31日最終アクセス）

Healy, Gráinne, Brian Sheehan and Noel Whelan (2015) *Ireland Says Yes: The Inside Story of How the Vote for Marriage Equality Was Won*, Merrion Press.

Honohan, Iseult (2014) "What can the UK learn from the Irish constitutional convention?," https://www.opendemocracy.net/ourkingdom/iseult-honohan/what-can-uk-learn-from-irish-constitutional-convention（２０２０年３月31日最終アクセス）

Landemore, Hélène (2018) "Referendums Are Never Merely Referendums: On the Need to Make Popular Vote Processes More Deliberative," *Swiss Political Science Review*, Vol. 24, No. 3.

Landwehr, Claudia (2014) "Facilitating deliberation: The role of impartial intermediaries in deliberative mini-publics," Kimmo Grönlund, André Bächtigerm and Maija Setälä (eds.), *Deliberative mini-publics: Involving citizens in the democratic process*, ECPR Press.

Mansbridge, Jane, James Bohman, Simone Chambers, Thomas Christiano, Archon Fung, John Parkinson, Dennis F. Thompson, and Mark E. Warren (2012) "A Systemic Approach to Deliberative Democracy," John Parkinson and Jane Mansbridge (eds.), *Deliberative Systems: Deliberative Democracy at the Large Scale*, Cambridge University Press.

Moore, Alfred (2012) "Following from the front: Theorizing deliberative facilitation," *Critical Policy Studies*, Vol. 6, No. 2.

Offe, Claus (2017) "Referendum vs. Institutionalized Deliberation: What Democratic Theorists Can Learn from the 2016 Brexit Decision," *Dædalus*, Vol. 146, No. 3.

Renwick, Alan, Sarah Allan, Will Jennings, Rebecca McKee, Meg Russell and Graham Smith (2018) "What kind of Brexit do voters want? Lessons from the Citizens' Assembly on Brexit," *The Political Quarterly*, Vol. 89, No. 4.

Stevenson, Hayley and John S. Dryzek (2014) *Democratizing Global Climate Governance*, Cambridge University Press.

Suiter, Jane, David M. Farrell and Clodagh Harris (2016) "The Irish Constitutional Convention: A Case of 'High Legitimacy' ?," Min Reuchamps and Jane Suiter (eds.) ,*Constitutional Deliberative Democracy in Europe*, ECPR Press.

Young, Iris M. (1995=1996) "Polity and Group Difference: A Critique of the Ideal of Universal Citizenship," Ronald Beiner (ed.), *Theorizing Citizenship*, SUNY Press.（施光恒訳「政治体と集団の差異：普遍的シティズンシップの理念に対する批判」『思想』８６７号）

Young, Iris M. (2000) *Inclusion and Democracy*, Oxford University Press.

共通善の政治学
──民主政治の再建、福祉・環境政策のために

菊池理夫

はじめに──サンデル・ブーム10年と「共通善の政治学」

（1）サンデルに対する評価

今年はハーバード大学政治哲学教授、マイケル・サンデルの白熱教室がＴＶで放映され、その講義録ともいうべき『これからの「正義」の話をしよう』が大ベストセラーになってから、ちょうど10年目にあたる。私はサンデルの最初の政治哲学の著作『リベラリズムと正義の限界』の初版を１９９２年に邦訳し、その第二版を１９９９年に三嶺書房から出版し、さらにその改訂版をサンデル・ブームの直前の２００９年に勁草書房から出版した。サンデル・ブームの最中には、サンデルがアリストテレス哲学に由来する「共通善の政治学」と呼ぶコミュニタリアニズム（共同体主義）に関して、それまでの「共通善」に関する論文をまとめた『共通善の政治学──コミュニティを

めぐる政治思想』を出版した(1)。このような私にとって、サンデル・ブームは当然喜ばしいものであったが、意外なものでもあった。

というのも、それまでの日本の社会科学、とりわけ政治学・政治理論では、サンデルは批判的に論じられ、評価されることがほとんどなかったからである。なぜサンデルや彼のコミュニタリアニズムが評価されなかったのか、私がその理由として考えたのは、戦後の日本の政治学では実証的なものを除けば、「近代主義」が主流となり、その教育を受けたわれわれの世代や、われわれによる教育を受けたより若い世代でも、西洋近代の価値が絶対的なものとなっていたことである。つまり、コミュニタリアニズムが重視する「コミュニティ（共同体）」や「共通善（common good）」は、前近代的な価値としてもっぱら否定的に論じられるか、まったく政治的に重要でない概念として無視されてきた。今でも「コミュニティ」の訳語でもある「共同体」が「ムラ社会」のような古い伝統的な集合体をさし、個人の自由を拘束するものであり、また「共通善」の訳語でもある「公共の福祉」も個人の権利を否定し、同一の価値を強制するものであるともっぱら論じられている。一般的にも、日本の「共同体」は古臭く、堅苦しいものであると思う人が多く、また「共通善の政治学」という言葉を初めて聞く人も多いかもしれない。

（2）日本のリベラリズムとポストモダン左派

実際に、日本の政治学、政治理論において主流であるのは、依然として伝統的なコミュニティから個人が解放されることが進歩であり、個人が自由になることを政治の目的と考える個人主義的なリベラリズム（自由主義）である。また、アメリカの「リベラル‐コミュニタリアン論争」では、リベラリズムとコミュニタリアニズムの両方を批判していた「ポストモダン左派」は、日本の政治理論ではリベラリズムと結びついて、コミュニティや共通善をプレモダン（前近代）的なものと考え、リベラリズムよりもコミニュタリズムを強く批判する傾向があり、このような立場が現在では新しい主流派となっている。

このような日本の政治学の状況がサンデル・ブームを受け、少しでも変化することを期待したが、学界ではたんなる一般的なブームに過ぎないと基本的に考え、このブームを本格的に論じることがない。サンデル・ブームを受けたと思われる政治哲学の本が日本でも多く出版されているが、そこでもサンデルについて、また『これからの「正義」の話をしよう』の最終章が「正義と共通善」であるのに、「共通善」について論じられることがない。例えば、2012年に出版された政治哲学の論文集『実践する政治哲学』の「序」では、サンデル・ブームを次のように評価する。

> 日本が直面する諸問題の先鋭化と政治の停滞に対し、既存のシステムや制度の表面的な改革や弥縫策ではもはや限界に達していることに、多くの人が直感的に気づき始めていることがおそらく「ブーム」の根源にあったはずである。(2)

しかし、そこではサンデル・ブームを「「黒船」の来訪」と呼んで、明らかにサンデルを「敵」として理解し、この論文集がサンデル・ブーム以前から企画化され、そのブームに「追随するものではな」いとわざわざ記しているように(3)、本文ではサンデルについて言及することも、サンデルが問題とする「共通善の政治学」も論じられることもない。

この論文集で主として論じられているのは、個人の自由と少数者の権利の問題であり、明らかにリベラルとポストモダン派による政治哲学の著作である。例えば、禁煙においても「自発的にやめる」という自律性の尊重や、政治教育においても、依然として「個人の自律性」が中心に論じられているように、個人主義的リベラルの立場からのものが多い（4）。また、アメリカのポストモダン派の「闘技民主主義」の議論を使い、少数者という他者性を尊重し、闘技を続けていくことを主張する論者も多く、「共通善」を追求する政治が語られることはない。例えば、「日本ムスリム」という少数者に対して、闘技民主主義の議論を使い、「異化を通じた統合」を主張する論者は、それでも「社会統合に最低限必要とされる「共通の基盤」」の必要性を指摘するが、その「共通の基盤」についてはなんの説明もなく、それが「異化」とどう関係するかも語られていない（5）。個人の喫煙のように、個人や少数派（喫煙者はいまや少数者）の立場から議論することが政治哲学の重要な問題であるかどうか、とりわけ「日本が直面する諸問題の先鋭化と政治の停滞」に答えるものであるかどうかはともかく、日本では軽視されていると考え、個人や少数者の立場から政治の問題を議論すること自体はよしとしても、問題はサンデルの『これからの「正義」の話をしよう』のように、異なる政治的立場や主張との対話によって共通善を求める政治哲学、つまり「共通善の政治学」がまったく無視されていることである。

（3）「共通善の政治学」の評価

しかしサンデル・ブーム以後、政治学者以外ではコミュニタリアニズム＝「共通善の政治学」に対する理解は進んでいる。例えば、経済学者岩井克人によれば、アラスディア・マッキンタイアやマイケル・サンデルのコミュニタリアニズムは、「様々な人が討論を通じてコミュニティ（共同体）の共通善を熟慮した自治が可能になるように、現在の政治体制も転換すべき」ことを主張しているものであり、そのことに「私自身も魅力を感じている」とまで述べている(6)。ただ、同時にその問題点も指摘している。「しかし、コミュニタリアニズムには共同体を越えられないという限界がある。共通善はそのコミュニティの中での共通善であり、他のコミュニティとの共通善との間でどういう形で共通善を見出すかは難しい問題である」(7)。岩井のコミュニタリアニズム理解は、とりわけ「共通善」が討論・熟慮によって得られるとしている点は正しく、その問題点の指摘それ自体も間違ったものではない。ただし、サンデルなどの現代コミュニタリアンは必ずしも狭いコミュニティだけの共通善を追求しているのではないことを本論で明らかにしていきたい。

以下の本文においては、まず「共通善の政治学」とは、何よりもポピュリズムや利益政治のような民主主義ではない民主政治を求めるものであることを明らかにしたい。つぎに、「共通善の政治学」の応用・実践として、とくに福祉政策と環境政策とに関する「共通善の政策学」を展開していきたい。いずれにしても、政治学を研究対象とする人のためではなく、現在日本の政治実践に疑問を持ち、新たな政治実践を考えたい人のために、私の考える「総合人間学」から「共通善の政治学」を考えていくことを目的としたい。

1. 民主政治の再建と共通善

(1) チョムスキーの共通善

共通善と民主主義の関係では、政治学者ではないが、現在アメリカの政治、とりわけ戦争政策を最も批判する著名な言語学者であるノーム・チョムスキーが「共通善」(邦訳では「公益」)と題して、スペインで行った講演から論じていきたい。チョムスキーによれば、アリストテレスの「共通善」は民主政治の目的となるものであるが、現在のアメリカでは貧富の差が拡大して、共通善の追求が失われ、民主主義が脅かされている。ところが、この講演を記事にしたスペインの新聞の見出しのなかに、アリストテレスは「危険な過激派として非難されるであろう」と書かれていた(8)。このことは、ヨーロッパでも専門家以外にはアリストテレスの「共通善」が理解されなくなっていることを示すとともに、アメリカでは政治学者でなくとも、共通善が現在の民主政治と関係し、平等性を追求するものであることが理解されていることを示している。

(2) マッキンタイアの共通善

1980年代に現代コミュニタリアニズムを最初に主張したといわれる哲学・倫理学者アラスディア・マッキンタイアは「政治・哲学・共通善」という論文で、共通善の政治的実践について以下のように述べている。彼によれば、「先進的西洋近代社会はリベラル民主主義を装った寡頭制である」(9)。つまり、実際はエリートが支配する政治であり、このような政治に代わって、ローカルなコミュニティにおいて「普通の人々」による討論を通して共通善を追求する直接民主政治をマッキンタイアは主張する。

現代の政治社会に欠けているものは、普通の人々が――学問を職業として追求している者でもなく、政治生活のプロでもなく――体系的で理性的な討論に、ともに従事できるような制度上の闘技場である。そこでは対立する別の生き方――それぞれがそれ自体の徳と共通善の概念を持つが――の主張に対して、政治を関係づける問題にいかに答えるかに関して、合理的に、よく基礎づけられた共通の精神に到達することが企てられている。[10]

共通善は家族、漁業乗組員、投資クラブ、学校、研究機関など、すべてのアソシエーションの成員によって共有された活動の目的となるものであるが、現在ではたんなる「道具的」なものであり、個々の成員の善に過ぎないものとなっている[11]。その点では、アリストテレスが「ポリス」と呼んだコミュニティは、「共通の言語」を持ち、「熟議のための様式が共有され」、さらに「実践と制度について共通の理解」があり、優れたものである[12]。そこでは共有された共通善はあらかじめ与えられたものではなく、コミュニティのなかで相互に学ぶ「共同の学びの活動によって形成されていく」[13]。

コミュニタリアニズムの批判者は、コミュニタリアンの「共通善」とは、何の対立もない善、あるいは多数者が求める善であると主張する。しかし、マッキンタイアによれば、「普通の人々」から成るそれぞれの「アソシエーション」(「コミニュティ」と区別していない)には、それぞれ独自の「徳と共通善」があり、それぞれが対立していることが前提とされる。マッキンタイアにとって、そのような対立を超えて、「共通の言語」による討論によって、また「共通の理解」を学ぶことによって、新たに「共通善」を求めていくことが重要になる。

(3)サンデルの「共通善の政治学」

サンデルは『これからの「正義」の話をしよう』の第9章「たがいに負うものは何か――忠誠のジレンマ」で、マッキンタイアの『美徳なき時代』から直接引用して、人間が「物語る存在」として捉えられていることを指摘する[14]。このような主張は、現代の個人主義とは異なり、人間が特定のコミュニティに帰属し、それに責務ある存在であることを強調することであり、サンデルの有名になった言葉、「負荷ある自我」という人間論を示している。サンデルがこの9章で扱っている「ジレンマ」は、自己が所属するどのコミュニティに「負荷」を強く感じるかによる選択のさいに生じるものである。それはどのコミュニティの共通善を選ぶかの問題であるともいえる。この点でも、マッキンタイアと同様に、サンデルは単一の与えられた共通善の絶対化を主張しているのではない。『これからの「正義」の話をしよう』の第10章「正義と共通善」では、現代の多元的社会では「道徳的不一致」が存在することを当然のこととして認めているが、同胞の「道徳的・宗教的信念」とむしろ公共的に議論することから「公正な社会」が実現するという[15]。サンデルにとって、現在のアメリカでは不平等の拡大によって、「市民道徳」が蝕まれ、「公共の領域の衰退」が何よりも問題であり、「公民的生活基盤の再構築」をするための「共通善の政治学」が必要となる[16]。

サンデルは1984年にリベラルな民主党系の雑誌に論説「道徳性とリベラルの理想——個人の権利は共通善を裏切らなければならないのか」を公表した。彼はそこでロールズのリベラリズムやノージックのリバタリアニズムを「権利の政治学」と呼び、これに対立するコミュニタリアニズムを「共通善の政治学」であると特徴づけている[17]。サンデルのこの論説はいわばコミュニタリアニズムの政治的宣言ともいうべきものであり、リベラルからの再批判を呼び、「リベラル‐コミュニタリアン論争」が本格化した。サンデルの最初の著作である『リベラリズムと正義の限界』（初版1982年）において「共通善」という言葉を使っていないが、最後の結論の部分で、「他者と歴史を共有するという負荷によって、一部が構成されている人格」は、友人とともに「共有された自己理解という共通性」を認めて、「一人では知りえない共通する善」を追求していくことこそが政治であると主張されている[18]。

私はこのような仲間とともに共有されている「負荷」を「前提としての共通善」と考え、その前提から議論してともに求めていく「善」を「目的としての共通善」と考えている。サンデルの第二の著作『民主政の不満――公共哲学を求めるアメリカ』において、共和主義的政治理論では、「自己統治に共に加わる」ことが「自由」であり、政治参加であるが、それは「同胞市民たちと共通善について熟議し、政治的共同体の運命を協働して形成する」ことであると主張している(19)。このように、サンデルの「共通善の政治学」とは、何よりも政治参加のための前提を共有する仲間の市民とともに熟議して共通善の実現をめざす民主政治としての「共和主義的政治理論」であり、そういう意味での「コミュニタリアニズム」である。

ところが、サンデルは『リベラリズムと正義の限界』第二版(1998年)の序では、「コミュニタリアニズム」が「多数決主義の別名」であるならば、それは彼自身が擁護する見解ではないと主張する(20)。つまり、特定のコミュニティにおいて多数派が支持する価値を共通善として絶対化することは、彼の考えるコミュニタリアニズムではない。一般的にいって現代コミュニタリアニズムが狭いコミュニティにあてはまる単一の共通善を主張しているのではなく、グローバル・コミュニティの共通善にまで向かう傾向があることを私はすでに指摘している(21)。さらに現代コミュニタリアニズムには、西洋の近代的価値を絶対化するのではなく、西洋以外の価値とも共通善を求めて対話していく傾向もある。2016年に上海の華東師範大学哲学科主催の国際会議「マイケル・サンデルと中国哲学」において、サンデルは異文化である中国哲学のなかに共通善を求めて対話している(22)。

(4) エツィオーニのコミュニティ論

このサンデルなどのコミュニタリアニズム哲学の影響を受けた社会学者アミタイ・エツィオーニが主導して、1990年代から政治的・社会的運動を展開していった。その「応答するコミュニタリアン綱領」には、「われわれのコミュニタリアニズムは特殊主義ではない」という主張がある[23]。これは一般的にはリベラリズムが「普遍主義」であり、コミニュタリアニズムが「特殊主義」であると考えられていることに対する批判である。確かにコミュニタリアンは自己が愛着するコミュニティに固有である特殊な価値を尊重するが、それを絶対化するのではない。この綱領では現在の国際紛争や環境悪化を解消し、世界的な民主化の流れを肯定し、とりわけ「新たな抑圧の形態を生み出しかねない過度にエステックで、ナショナルな自己特殊主義」を批判するために「特殊主義」ではないと主張されている。さらに、「ユートピア的と思われるかもしれないが、世界中に存在する多様性を持った強靭な民主主義のコミュニティのなかに、グローバル・コミュニティが浮上していくことがわれわれの希望である」とまで主張している[24]。このように、特定のコミュニティや特定の国家を超えたグローバルな共通善まで探求することが現代コミュニタリアニズムである。

エツィオーニはなぜ彼自身がコミュニタリアンになったかを2003年に出版した自伝で論じている。彼は1929年にドイツで生まれたが，ナチスの支配を逃れ，一家がイスラエル建国前のパレスチナに移住した。そこでは「強いコミュニティの精神（そこからコミュニタリアンという用語は生じる）が吹き込まれ、ほとんどの人々が共通善に役立つために献身していた」と回顧している。また1年間キブツで「コミュニティの徳の意味」と同時に「その絆があまりにきつく包み込むときにはいかに抑圧的になるか」も学んだ[25]。彼にとってキブツから学んだことは、「あまりに多くのコミュニティはあまりに少ないコミュニティと変わらないものである」ことである[26]。その後、当時イエルサレムに新しくできたマルティン・ブーバーの研究所でブーバー自身から、「コミュニタリアン哲学と社会学」の手ほどきを受けた[27]。次にヘブライ大学で社会学を学んだが、彼がとりわけ関心を持ったのは近代性と伝統的コミュニティの関係であった。一方では近代社会は「小規模のコミュニティのなかの生活に基づく伝統的社会」を侵食して、人々を自由にするが、他方ではこのことは「人々の精神的健康と道徳的性格を脅かし」、「人々をより共同の生活にあこがれさせる」ことになる(28)。

(5) エツィオーニのコミュニタリアニズム

このように、エツィオーニはすでにイスラエルにいた時から、コミュニタリアンであったと主張しているが、伝統的であれ、キブツのような実験的コミュニティであれ、小規模で濃厚なコミュニティは個人を抑圧するものであることに批判的であったことに注目すべきである。日本ではいまでも誤解されているが、現代コミュニタリアンは個人の自由や権利を否定して、閉鎖的で、濃厚な伝統的コミュニティを主張しているのではない。「共同体」を解体する近代性がもつ両面性を理解したうえで、コミュニタリアニズムを主張しているのである。

エツィオーニはなぜ「応答するコミュニタリアン」運動を始めたかも自伝で論じている。1989年に彼はネオコン(新保守主義)によって引き起こされた「過度の個人主義」を矯正するための運動の必要性を感じた。それは「市場の賛美者と国家に取りつかれたリベラルとの間の第三の道」である(29)。1980年から88年までアメリカ大統領だったロナルド・レーガンはネオコンであるとともに、市場主義を進めたネオリベ(新自由主義)でもあったが、その政治によって「過度の個人主義」が進み、コミュニティが解体されていった。私の考えでは、このような傾向にリベラルが無力であったことが、1980年代前半のアメリカでコミュニタリアニズムが登場してきた理由である。エツィオーニはこのようなアメリカでは「深く民主的である」ことが必要であると主張している。つまり、「開放的で、包括的な道徳的対話を通してわれわれの正と不正の構想をすり合わせる」ことが必要である(30)。

1990年にジョージ・ワシントン大学で、「コミュニタリアン綱領」を作成するための会議が開催され、主として三つの問題が議論された。まず、「個人の権利」の主張が個人の利益追求となり、「社会的責任」が伴っていない問題である。結論は「権利」と「社会的責任」とをともに重視することになったが、このことには「権利の再解釈あるいは共通善へのより重大な配慮を伴う」とした[31]。つぎに、「コミュニタリアン」という言葉であり、この言葉はかつてコミュニストをさし、またアジアにはシンガポールやマレーシアのような権威主義的コミュニタリアンの体制があることから、いずれも権威主義的な言葉であるという反対が出た。しかし、エツィオーニは「人々に応答する民主的制度」を意味する「応答する」という言葉を付け加えることを提案した[32]。最後に、「特殊主義」と「普遍主義」の問題である。エツィオーニは「人権」と「社会的責任」は「普遍的原理」として重要であると考え、コミュニタリアニズムは特殊主義ではないと主張した[33]。

このようにエツィオーニの考えるコミュニタリアニズムとは、「人権」と「社会的責任」という「普遍的原理」を追求していく民主的なものであるが、個人の権利の追求がたんに個人の利益ではなく、「社会的責任」という「共通善」を考慮して追求されていくものでもある。私は最初に現代コミュニタリアンを「現代のコミュニタリアニズムと『第三の道』」（２００４年）で、このようなエツィオーニも含めた現代コミュニタリアンをリベラルなコミュニタリアン、「リベラル・コミュニタリアン」と規定した。エツィオーニ自身も近年自らの立場を「リベラル・コミュニタリアニズム」と呼ぶようになっている。

（６）コミュニタリアニズムとポピュリズム

２０１５年に出版された『新しい標準——個人の権利と共通善の間のバランスを見つけること』において、エツィオーニは「権利と共通善の間にあるものは、われわれのリベラル・コミュニタリアンの価値のなかにある」と述べている[34]。この「リベラル・コミュニタリアンの価値」を破壊しようとしているのが、ドナルド・トランプである。2017年のインターネットの『ハフポスト』において、トランプを「反省あるいは熟議のいかなる機会もなく、大衆の粗野な情動」を駆り立てるとして批判している[35]。エツィオーニはその点で現在ポピュリズムの問題に関心を寄せている。『幸福は間違った尺度である──ポピュリズムに対するリベラル・コミュニタリアンの反応』(2017年)において、グローバリズムは「現代の古典的リベラリズムのサブカテゴリー」であり、ナショナリズムは「コミュニタリアニズムの特殊な形態」であるとする。そのため、「多くの民主的政治におけるポピュリズムの勃興はグローバル化の興隆に対するナショナルな反動である」と考えている[36]。このように、エツィオーニは現在のポピュリズムをグローバル化に対抗するナショナリズムの動きとしてとらえている。しかし、彼はグローバリストがポピュリズムを、既存のコミュニティ、国家を守るためのコミュニタリアンによる「病理的な反動」として理解していることは批判する[37]。エツィオーニはコミュニティが個人に対して抑圧的になることも認めているが、「民主的な社会におけるコミュニティは「より希薄な」ものへと向かい」、また多様なものに帰属しているという意味で、「一つのコミュニティに心理学的により依存するものではない」と主張している[38]。

このようにエツィオーニは、イスラエルで体験したように、濃厚なコミュニティが個人に対して抑圧的であることを認める一方、民主的で、多様性を認める「希薄なコミュニティ」は熱狂的な一体化を求めるものではないと主張している。そういう点で、彼の考えるコミュニタリアニズムは、ナショナリズムとも、現在批判されているポピュリズムとも一線を画している。ただ、私はすでに『現代のコミュニタリアニズムと「第三の道」』で論じたが、エツィオーニは「応答するコミュニタリアン運動」を始めるときに、アメリカのポピュリスト党と関係する20世紀初頭の「革新主義運動」にならって、「代表されていない多数派の動員の道を見つけること」が重要であると述べていた(39)。実際にエッツィオーニは19世紀末のポピュリズムを当時再創造しようとする「革新的ポピュリズム」の運動を評価していた(40)。

この点でポピュリズムとコミュニタリアニズムの関係について論じたい。まず、ポピュリズムであるが、現在はもっぱら悪い意味で大衆迎合の政治を指して使われることが多い。しかし、アメリカの19世紀末のポピュリスト党が肯定的に使ったように、本来は「人民の意志の実現をめざす政治」という人民主権の民主政治として善い意味である。ただ悪い意味でも、善い意味でも、問題とすべきであるのは「人民の意志」とは何であるかである。ポピュリスト政治家と呼ばれる者によって操られ、「人民の意志」が間違った方向に向かっていると思われているのが現在の悪い意味でのポピュリズムである。しかし、「人民の意志」が間違っているとはどういうことなのか。ポピュリズム批判から民主主義自体を批判する佐伯啓思によれば、「民主主義的人間」は「自分の利益や権益を政治化して、それを実現しようとする」ものであり、「公共心や徳義心」のような能力は民主主義から生じることはない。しかし、人間は「社会的存在」として、「道徳的であり、社交的であり、それなりの公共心」があり、そのような「習俗」はどのような国にも存在しているために、そのための「会話の力」を維持することが「民主主義の可能性を開くこと」であるという主張をしている(41)。つまり、佐伯によれば、ポピュリズムとしての民主主義は、というよりもともと民主主義は、何よりも自己利益を追求する政治であり、「公共心や徳義心」がない間違った政治である。

私が編者の一人であった『徳と政治』（２０１９年）の序章「徳の政治学・政治哲学」において、悪い意味でのポピュリズムは「指導者も、それを支持する人びと、それに投票する人びとも自分たちの私的利益だけを追求し、政治的徳が欠如した政治形態である」と規定した(42)。すでに述べてきたように、現代コミュニタリアニズムの主張するコミュニティは「普通の人々」が徳や共通善を熟議や対話によって追求する民主的なものであり、そういう意味では現代コミュニタリアンは否定的な意味でのポピュリズムを主張しているのではない。しかし、佐伯の主張とは異なり、彼らは「民主主義の可能性」を主張しているのではなく、民主主義自体が本来、徳や共通善を熟議や対話によって追及することを主張しているのである。このことは人間が本来「社会的存在」であるというより、「政治的存在」であるからであると私は考えている。

(7)「政治人」モデル

私がすでに『共通善の政治学』で明らかにしたように、「共通善の政治学」とは古代のアリストテレスから始まり、中世のトマス・アクイナスによって発展させられた政治哲学であり、その基本的主張には、アリストテレスがいう「人間とは自然に（本来的に）ポリス（政治）的動物である」とトマスが共通善を「大衆の善」と呼んだことがある。このことから、人間は、「普通の人々」は、本来共通善を追求する「政治的存在」、つまり「政治人」であると考えられる。総合人間学の観点からいえば、「政治人」とは、権力を振るう政治のプロをさすのではなく、コミュニティのなかで共同生活することによって、おたがいに協力し合い、助け合って「共助」のための「利他性」の徳を発展させ、「共益」（共通善）を求める動物であることをさし、現在の進化生物学や脳科学において主張されているものである[43]。これに対して現代社会の基本的人間観は、市場において私益を追求する「経済人」である。現在では経済学だけでなく、政治学や政策学においても「経済人」モデルが使われ、個人の利益を最大限追求する「費用便益分析」がとりわけ実証主義的研究では用いられている。このような「経済人」モデルの教育がネオリベラルによるグローバル支配以後は、日本ではバブル経済以後、「利己主義者」を増やしており、「政治」そのものへの関心を失わせる結果になっていると私は考えている。

(8) ネオリベラル批判

ネオリベラルの古典であるミルトン・フリードマンの『資本主義と自由』(1962年)では、経済活動がうまく機能するのは「個人が自発的に交換し合う」市場であり、「自発的協力を通じて成り立つ社会」を動かす「自由な民間企業による交換経済」を「競争資本主義」と呼んで擁護し、政府の役割はその「ゲームのルール」を決めるだけでしかないと主張されている[44]。しかし、彼は自由競争を強調しても、「自発的協力」には何の説明をしておらず、また自発的な個人を何の説明もなく「自由な民間企業」と同一視している。彼によれば、社会的平等の主張は「誰かから取り上げて別の誰かにあげる」ことであり、人間は「自発的協力」をして平等性を追及すのではなく、利己的に行為することを前提としていると思われる。彼が強調するのは個人の自由だけであり、彼の議論のなかには共通善を追及する民主的な政治はどこにもない。

ネオリベラルは現在では世界的支配を強め、とりわけアメリカでは政治に対しても圧倒的に強い影響力を持っている。しかし、そのアメリカにおいてフリードマンに学んだが、彼を批判するようになったジャーナリスト、グレッグ・パラストは現在のアメリカの民主主義を「金で買えるアメリカ民主主義」と呼んでいる[45]。また、チョムスキーはアメリカの政策は「金持ちに生活保護を」と呼んで、むしろ「金持ち」を優遇するものとなっていることを批判している[46]。2010年、アメリカの最高裁は個人の表現の自由を規制するものとして企業による政治献金の規制を違憲とし、企業による政治広告の規制をなくしたように、ネオリベによる個人の自由や企業の自由競争の万能性の主張は、政治からの介入を否定して、逆に政治へ介入していく金権政治、利益政治をもたらしていることは間違いない。日本でもネオリベによる「政府の役割や責任を縮小することと強権的な統治を行うこととは、矛盾しないばかりか補完関係」にあると説く政治学者中野晃一は、現政権によって「お友だち」に便宜を図る「私物化される国家」になったことをリベラルの立場から批判している(47)。

現代コミュニタリアニズムが実はリベラルよりもネオリベを批判していることがサンデル・ブームの後でも理解されていない。たしかに、1980年代から始まる「リベラル‐コミュニタリアン論争」において現代コミュニタリアニズムが有名になったために、今でもアメリカのリベラル批判の思想としてしか理解していない人が多い。アメリカのリベラリズムは自由だけでなく、平等性も追求し、福祉政策を唱え、社会主義が振るわないアメリカでは左派的なものとされている。アメリカでもコミュニタリアニズムはこのようなリベラリズムを批判するものとして、また伝統的なコミュニティを擁護するものとして、当初は保守的なもの、右派的なものとして理解されていたが、やがてリベラルとコミュニタリアンは根本的に対立するものでないという理解が広まり、論争は終焉していった。サンデルをはじめとする現代コミュニタリアンが政治的・政策的にむしろ強く批判するのは、アメリカのリベラリズムよりも、平等性を重視せず、福祉政策を否定して、「自由」だけを強調するリバタリアニズムやネオリベラリズムの方である。

(9) サンデルが批判するもの

しかし、サンデル・ブームに関わらず、日本の学界では依然としてサンデルの政治哲学やコミュニタリアニズム一般に関して、保守的なものであるという見方が強く、とりわけいまだにコミュニタリアニズムがアメリカでは右派であるネオコンやネオリベに近いものという評価があるのは不思議でならない。とりわけ日本のポストモダン左派は、現代コミュニタリアンが金持ちだけが治安対策を考えて暮らす「ゲイテッド・コミュニティ」を作っているとか、イギリスの労働党の政策のなかに「コミュニタリアニズムとネオリベラリズムの親近性」があるとか主張した。サンデルやエツィオーニは実際に「ゲイテッド・コミュニティ」を批判しているのに、現代コミュニタリアニズムの著作をまったく読まずに、事実とまったく異なる主張をしていた社会学のポストモダン派がいまでも日本の政治学の主流派に受けいれられている(48)。

サンデルが政治・政策的には、ネオリベラリズムとリバタリアニズムをリベラリズムよりも批判していることは、『リベラリズムと正義の限界』の第2版の附論でより明確に述べている。サンデルによれば、ロールズの福祉政策を肯定する「格差原理」は、リバタリアンによって示された選択肢よりも「道理にかなった」ものであり、「民主主義社会の市民にとっても説得的なものである」(49)。このリバタリアンとして、注ではロバート・ノージックのほかに、一般的にはネオリベラルといわれるフリードリッヒ・ハイエクやミルトン・フリードマンをあげている。サンデル自身、個人の権利、とくに所有権の絶対化から福祉政策を否定するノージックのリバタリアニズムと功利主義的原理から市場での自由競争を絶対化するネオリベラリズムの違いは理解しているが、いずれも市場主義的なものとして、リバタリアンと呼んでいると思われる。

サンデルは『これからの「正義」の話をしよう』においても、ネオリベラリズムを念頭においた功利主義や自己所有権を絶対化するリバタリアニズムを第4章「雇われ助っ人――市場と道徳」において、市場価値を重視しているものとして批判している。その点をまとめたのが、次の著作『それをお金で買いますか――市場主義の限界』(原題『お金で何が買えますか――市場の道徳的限界』)である。この本ではリバタリアニズムやネオリベラリズムという言葉ではなく、「市場勝利主義」という言葉を用いて、それが「不平等」と「腐敗」をもたらすことを批判している。サンデルによれば、この市場勝利主義の時代は1980年代のイギリスのサッチャー首相とアメリカのレーガン大統領によってはじめられ、リベラルであっても市場に好意的なアメリカのクリントン大統領やイギリスのブレア首相によって継続された。しかし、2008年の金融危機によって、その信念は疑われ、その時代は終わった(50)。なお、クリントン政権とブレア政権に対しては、アミタイ・エツィオーニが主導した「応答するコミュニタリアン運動」が影響を与えたことは一般にいわれ、私自身も『現代コミュニタリアニズムと「第三の道」』でこの点を強調した。しかし、クリントン政権やブレア政権が結局はネオリベラリズム政権とそれほど変わらない政権として終わったと私も現在は考えている。自らをラディカル・コミュニタリアンであると呼んだこともあるイギリスの社会活動家、ビル・ジョーダンは、サンデルの主張にかなり依拠しながら、貧富の差が拡大したブレアの「第三の道」は結局失敗であったと結論づけている(51)。

サンデルは『それをお金で買いますか――市場主義の限界』において、このような「市場勝利主義」に対抗する興味深い例をあげている。それはスイスでの核廃棄物処理場の貯蔵場所をめぐる住民投票の実験である。1993年スイス中央部のヴォルフェーンシーセンという小さな山村で、経済学者が処理場の建設の賛否を聞いたところ、ぎりぎり51%が賛成した。しかし、つぎに連邦議会が毎年村民一人ひとりに補償金を支払うという条件で賛否を聞いたときに、賛成が51%から25%に半減してしまった。サンデルのコメントでは、最初に賛成したのは「国民としての義務がリスクを上回った」ためであるが、次の投票では「共通善への貢献を含む道徳的配慮」、「公共心」や「市民的義務」が「お金」という経済的インセンティブよりも強かったことを意味している(52)。人間は本来「共通善」を追求する政治的動物であることがこの例には示されていると思う。2010年のサンデル・ブームの背景には、2008年の金融危機、「リーマン・ショック」があり、わが国でも、「市場主義」の終わりが理解される契機となったものであると私は考えている。もともと英米の現代コミュニタリアンは、リベラルの「大きな政府」もリバタリアンやネオリベの「小さな政府」も、自治的で、民主的な共通善を追及する「コミュニティ」を崩壊させていくという危機意識から生じたのである。

2. 共通善の政策学——福祉・環境問題

(1) ラスウェルの「民主主義の政策科学」

前節では、現代コミュニタリアニンの「共通善の政治学」とは、何よりもネオリベによって解体されようとしている「コミュニティ」を再建するために、「普通の人々」が民主的に熟議して、「共通善」を求めていくものであることを明らかにしたと思う。この「共通善の政治学」の具体的な内容として、現代コミュニタリアンの「共通善の政策学」を本節で論じていきたい。ただ、その「共通善の政策学」を考えるためにも、アメリカの政治学者、ハロルド・ラスウェルが「ポスト実証主義」的な「民主主義の政策科学」を唱えていたことから論じることにする。

ラスウェルが1943年に政策科学を最初に構想したメモのなかで政策科学の目的が「道徳」であると記してしていることに私はかなりの衝撃を受けた。というのも、ラスウェルの政治学や政策科学が、わが国ではもっぱらエリート主義的で実証的なものとされており、私もそう信じていたからである。しかし、彼の主張する「民主主義の政策科学」は、彼の死後の1980年代から、アメリカでは「ポスト実証主義」的な「民主主義の政策科学」として評価されるようになっていた。しかし，このことも日本の公共政策学ではほとんど論じられることがなく、いまだにあまり理解されていない。私の『共通善の政治学』の第2章で詳しく述べたように、最初の政策科学の構想のなかで、ラスウェルは政策科学の目的が道徳（＝共通善）であると明確に述べ，その後も一貫して「民主主義の政策科学」を目指していた。この「民主主義の政策科学」とは、政策作成過程にも市民も参加して，「人間の尊厳」という「共通善」をめざすものであり、「共通善の政策学」と呼ぶことができるものである(53)。

このようなラスウェルの「民主主義の政策科学」が彼の死後の1980年代以後、「ポスト実証主義」の政策科学として再評価されるようになる。とくにラスウェル自身が創設した『政策科学（*Policy Sciences*）』という雑誌を中心にして、政策科学は、価値中立的な学問ではなく、「人間の尊厳」という「共通善」の実現をめざす「ポスト実証主義」的なものであることが政策科学のパラダイムの一つとして確立された(54)。このようなラスウェルの再評価とほぼ同時期に、政治哲学としての現代コミュニタリアニズムが登場している。ポスト実証主義の政策科学と現代コミュニタリアニズムの主張が同時期に登場してくるのはたんなる偶然ではなく、当時の時代状況として共通の問題意識がある。一言でいえば，「民主主義の危機」という状況が当時のアメリカにおいて認められたからである。つまり、レーガン政権の登場によって、軍事力増強を説くネオコンと市場万能主義を説くネオリベの結びつきが強まり、専門的知識を持ったエリートによって政策が作成されて、政治的・経済的エリートに有利な政策が実施される結果となっていく(55)。

このような時代状況を背景として、ラスウェルの「ポスト実証主義」的「民主主義の政策科学」と現代コミュニタリアニズムの政策学との共通点として、以下のことをあげることができる。①哲学としてはアリストテレスの実践哲学が源流であり、②一般市民も政策作成に参加する民主主義のための政策学を主張し，③何よりも道徳的目的、とりわけ「人間の尊厳」という「共通善」の実現のための政策学であるが、④普遍的原理を探求するよりも、個別的な問題解決を重視するものであり、⑤方法論としては経済的分析の手法である「費用便益分析」のような単一の方法にのみ基づくことを否定する。このような政策学は、価値中立的で個人主義的なリベラルやリバタリアン、ネオリベによる政策科学と明確に対立するものである(56)。

（2）福祉政策としてのベーシックインカム

このような現代コミュニタリアニズムの具体的な政策として、まず福祉政策に関してとくに「ベーシック・インカム」を考えていきたい。たしかに、サンデルはロールズの平等性を肯定するための「格差原理」を批判したが、それはその根拠である人間観が抽象的な個人の立場からであることを批判したのであり、「格差原理」やロールズの福祉政策を批判したのではない。前節でも述べたように、彼は『リベラリズムと正義の限界』の第2版附論において、福祉政策を批判するリバタリアンの主張よりも「格差原理」の方を優れたものとしている。第1版でもロールズの格差原理による福祉政策が「人格間の格差を侵害する」というノージックの批判に対して、ロールズが主張する精神的なものも含めた個人の資産を個人だけのものではなく、「社会全体を通して共有されるべき」である「共通資産」と主張していることをむしろ福祉政策の正当化に用いることができるとサンデルは主張していた(57)。この「共通資産」は共通善とも考えることができると私は考えている。アリストテレスやトマス・アクイナスの伝統では、「共通善」は「大衆の善」として物質的福祉も含むとともに、精神的な「人格の尊厳」をともに追求していくものである(58)。現代のコミュニタリアンがいう「共通善」も、コミュニティのメンバーがともに熟議して「相互扶助」のために「連帯」して、物質的・精神的「共益」である「人間の尊厳」を実現する「福祉」の原理である。

さて、1980年代に、欧米の福祉国家はネオリベによって経済発展や効率性を損ねるものとして批判され、また個人が政府に依存することが強まり、財政赤字も増大するという批判もあって、これまでの福祉政策は困難になっていた（北欧諸国のように、「高福祉・高負担」の「大きな政府」を続ける国家もあり、むしろ「幸福度」は高い国家があるが）。この点で、現代の新しい福祉政策として、「ワークフェア」と「ベーシック・インカム」が登場してきた。「ワークフェア」とは、先進国ではとくに若年層の失業率が高かったこともあって、職業訓練のような教育に力を入れ、すべての人間が労働につくことによって社会参加を促す政策である。イギリスのブレア首相の新しい労働党の政策、「ウエルフェア（福祉）からワークフェア（労働）へ」という政策が有名である(59)。

これに対して、ある意味では「労働社会」からの解放をうたい、すべての人間に平等に「自由」を与えようとするのが「ベーシック・インカム」である。ベーシック・インカムについては多くの書籍が出版され、実際にかなりの国で実験が行われ、日本でもかなり知られてきていると思われるが、簡単にいうと、原則としてすべての成員が定期的に一定の所得を無条件で得られることである。欧米ではさまざまな政治的立場からの主張がある。まず平等性を強調する立場から社会主義やフェミニズム、環境主義、さらにはフェミニストのようなポストモダン左派などがあり、自由を強調する立場からは、ネオリベ（フリードマンは『資本主義と自由』において「負の所得税」を主張）やリバタリアン（労働から解放された真の自由の主張）からも主張されている(60)。

（3）コミュニタリアンのベーシックインカム

そのような様々な主張のなかで、何よりも「共通善」のために、ベーシック・インカムを主張しているのが前節でも言及したビル・ジョーダンである。彼は自らを「ラディカル・コミュニタリアン平等主義」と呼んでおり(61)、日本では現代コミュニタリアンを保守的であると考える人によって、サンデルなどのコミュニタリアンと区別されている。しかし、ジョーダン自身は現在でもサンデルを肯定的に評価し、また現代コミュニタリアン一般もすでに述べてきたように保守的ではなく、「共通善」を追求する「平等主義」を主張しているのである。ジョーダンによれば、当時のネオリベラリズムの政策に基づくサッチャーやレーガンの政権は「個人の自己利益や自己責任」を強調しているが、そこからは犯罪の増大のように「善き社会」を切り崩し、「利己心と貪欲」を促す危険性がある(62)。これに対して「新しいユートピア」をめざすものとして、彼はベーシック・インカムを主張する。それは市民が一緒になって、「自分自身のコミュニティを創造し、共通善のために協働する」ことをめざすものである。そのために、国家は「協働の目的と相互扶助のため」の「共通の利益の創造」を支援していく必要がある(63)。ジョーダンにとって、ベーシック・インカムはこれまで生活に余裕のない人も民主政治に参加し、たがいに協働して「共益」を追求し、共通善を実現する「善き社会」のために必要になるものである。より具体的にはコミュニティ活動やアソシエーションへの参加、家庭での無償の家事やケアの仕事、地方の民主政治への参加のために必要となる(64)。

サンデルなどのコミュニタリアン哲学者は、私の知る限りベーシック・インカムを主張していないが、エツィオーニはインターネット上で「コミュニティに基礎づいた保証されたインカム」というベーシック・インカムを主張している。彼は「応答するコミュニタリアン」の主張と同様に、「権利と責任」を伴うものとして、ベーシック・インカムを主張するが、それは何よりも自己が所属する「コミュニティにおけるメンバーシップと参加」のためのものである(65)。このようにコミュニタリアンのベーシック・インカムは、個人が所属する「コミュニティ」の「共通資産」として平等に分配されるが、その「お金」は経済的インセンティブのために使われるものであるよりも、すでに述べた意味での「政治人」のためのインセンティブとして使われることを目的とする。

(4)「地域主義」と環境政策

つぎに、「共通善の政策学」として考えたいのは環境問題であるが、善き「環境」も「共通善」であり、コミュニティのメンバーがともに追求すべきものであると私は考えている。ここではまず1970年代後半に玉野井芳郎を中心とした「地域主義」の運動から環境政策を考えていきたい。というのも、この「地域主義」は、私の考えでは、現代コミュニタリアニズムと類似するからである。玉野井によれば、環境問題やエネルギー問題の解決のためには、私的所有に基づく「資本主義」も、公的所有に基づく「ソ連型社会主義」ももはや魅力的な選択肢ではなく、「市場と工場」を原理とする「社会」に代わって、それを基礎づける「生命系の世界」から構成される、第一次産業を中心とする「共同体」を重視する必要がある(66)。このように、リベラルや「社会主義」が重視する「公的なもの」とネオリベラルやリバタリアンが重視する「私的なもの」との中間的な「共的なもの」を重視する現代コミュニタリアンの主張と重なるであろう。

つぎに、この地域主義はとくに「内発的地域主義」であることが強調されている。つまり、中央から地方へ「金と物」を誘導するような「地元利益主義」ではなく、「地域の住民の自発性と実行力によって地域の個性を生かしきる産業と文化を内発的につく」る地域主義である(67)。この「内発的」であることは経済だけではなく、政治においても必要なことである。つまり、「経済的自立性」とともに「政治的・行政的自律性」の必要性である(68)。この「内発的」であることは、地域主義に加わった鶴見和子によっても「内発論的発展論」として展開されている。彼女は環境問題、国内・国際間の格差問題、軍備の拡張のような「地球規模の大問題」から、「西欧をモデルとしたこれまでの近代化」の限界を指摘する。このような西欧中心の「単系発展モデル」に対して「複数モデル」としての「内発的発展」を主張し、それは西欧以外の地域の「伝統の再創造」であると主張する(69)。このような「内発論的発展論」は、普遍的価値を外部から強制するのでなく、コミュニティ内部の共通の価値を重視し、その発展を主張していくコミュニタリアニズムに近いものであると私は考えている。

（5）共通善としてのコモンズ

このような地域の独自性の主張は、玉野井が沖縄の大学に移ってから、とくに独自の歴史や文化をもった沖縄を念頭に、「地域住民の自治」のために「自治体憲法」の必要性を説くことにつながっていく。それは「環境基準・公害アセスメント・景観保存」のような環境問題を重視するものでもあり、「地域の生活者＝住民にとって真に共通の利益」となるべきものである(70)。これはまさに環境問題もコミュニティのメンバーにとっての「共通善」として解決する考え方である。彼は実際に「沖縄自治憲章」の草案を作成している(71)。その前文では沖縄の歴史や体験をふまえて、「生命と自然の尊重」が宣言され、第2章「沖縄の生存と平和」では「環境権」も明示され、沖縄の伝統としての「自然の共有」や生活の「共同性」が主張されている。玉野井は環境問題を考えていくなかで、「コモンズ」を重視するようになる。沖縄の伝統的共同体、とりわけ半農半漁の「沿海村落」の「入会権」から「協働利用の場」としての「コモンズの海」の重要性に気づいたことからである(72)。

この「コモンズ」の重要性は玉野井が発起人となった「エントロピー学会」の会員たちによっても展開されていく。まず、数理経済学の室田武は、日本の伝統的な「入会（イリアイ）」「催合（モヤイ）」「結（ユイ）」のような伝統的な相互扶助を「協力の経済」として評価し、実際は「私の組織化」にすぎない「公共性」というむき出しの権力によって圧殺された「共」の世界の、「共同体自治」の回復を主張している(73)。この「共」の世界はのちに「コモンズ」として評価するようになる。彼は共著において公的権力が行使される「公的領域」と、競争的な市場で私的利益が追求される「私的領域」から、人々の「共同意識」による「コモンズ」のような「共的領域」を区別して、日本の「入会権」を「コモンの権利」として評価している[74]。

玉野井の後任として沖縄国際大学に勤務した多辺田政道は「コモンズの経済学」を主張し、「コモンズ」を「私的管理」(「私的所有」)や「公的管理」とは別の「地域住民の「共」的管理(自治)による地域空間とその利用関係(社会関係)」として定義し、現在の自然環境破壊のなかで「コモンズの力(地域の自治力)」を信頼することが必要であると主張する[75]。共有地という意味のコモンズに関しては、そのコモンズを「私益」のために利用するフリーライダーが多くなって、資源が枯渇し、環境が破壊されていくという、ガレット・ハーディンの有名な「コモンズの悲劇」という指摘がある。しかし、多辺田によれば、伝統的な共同体には資源が枯渇しないための「内法」があり、「コモンズの悲劇」はむしろ「コモンズの欠如の悲劇」である[76]。この「コモンズの悲劇」はリベラル、リバタリアン、ネオリべによって私的所有権を絶対化するために使われる傾向がある。しかし、リベラル、リバタリアン、ネオリベラルのような個人の自由や権利の主張、実際は私的利益追求の主張や私的所有権の絶対化だけでは、環境問題は解決できない。環境権とは、個人主義に立つリベラルやリバタリアン、ネオリベラルでは説明できない権利であるとともに、義務でもあり、また個人だけでなく、共通善を追及する集団の権利であると私は考えている。その点で、環境権は何よりもコミュニタリアン的権利である。

(6) 環境問題と民主主義

私はすでに『現代のコミュニタリアニズムと「第三の道」』で、環境問題と民主主義との関係に関して、英米では「リベラル - コミュニタリアン論争」に言及して、コミュニタリアニズムを擁護する議論があったことを論じている(77)。コミュニタリアン環境主義とは、リベラルやネオリベラルに見られるような何の関係性もなく、バラバラな個人である「負荷なき自我」や「原子論的個人主義」のような人間観を批判し、他者や環境との関係性を持つ「負荷ある自我」や「全体論的個人主義」のような人間観に立って、自己が所属し、愛着するコミュニティ全体の利益である善き環境、「共通善」を、コミュニティのメンバー全員で熟議して追求して環境問題の解決をはかろうとするものである。その際、忘れてはならないのは、環境問題は狭いコミュニティだけでは解決できない、グローバルな問題であり、最終的にはグローバル・コミュニティにおいて、民主的な議論によって解決しなければならない問題である。ただ、まず自己が所属するより身近なコミュニティから取り組まなければならない問題でもある。その点で、「グローバルに考え、ローカルに行動する(Think Globally, Act Locally)」というモットーは、コミュニタリアンにとっても必要なことである。

おわりに——日本国憲法と共通善の政治学

(1) 公共の福祉と個人の権利

日本の政治学者の大半が無知であり、一般には初めて聞くかもしれない共通善の政治学の意義について論じてきたが、最後に結びに代えて日本国憲法に共通善の政治学があることを論じたい。この点を私はこれまでいろいろのところで明らかにしてきたが、日本の政治学者や憲法学者はこれまで論じることとすらしていない。それはとくに憲法第12条の「公共の福祉」に関することである。

この憲法が国民に保障する自由及び権利は、国民の不断の努力によって、これを保持しなければならない。又、国民は、これを濫用してはならないのであって、常に公共の福祉のためにこれを利用する責任を負ふ。

この「公共の福祉」は日本のリベラルも保守派もともに間違った主張をしている。リベラルは個人の権利を絶対化して、「公共の福祉」はせいぜい「権利」と「権利」が対立したときに必要になるものとして、それ自体を重視することはない。しかし、「常に」という言葉がある以上、このような解釈は成り立たず、私には解釈改憲をしているとしか思われない。保守派は「公共の福祉」を絶対化し、個人の権利を抑制するために「公共の福祉」が重要であると主張する。しかし、憲法12条の前半は国民の「自由と権利」の絶対化を主張し、保持し続けならないことを述べているのであり、それを否定したいのであれば改憲するしかない。両方とも「自由及び権利」と「公共の福祉」を対立させている点で間違っている。この12条にはそのようなことは書いていない。

それが述べているのは、「権利の濫用」を防ぐために、国民は「常に」自分の自由や権利を（自分の利益のためにではなく）「公共の福祉」のために用いるべきであるということである。つまり、「公共の福祉」は国民の自由や権利の行使の目的となるものである。たしかに、憲法第13条では「公共の福祉」は、「国民の権利」を制限しているように思われる。しかし、これは「個人の尊重」に関して、個人の権利は絶対でなく、「公共の福祉に反しない限り」尊重されるといっているのである。第22条の「居住・移転・職業選択の自由、外国移住・国籍離脱の自由」も同様であり、居住権のような個人の権利は「公共の福祉に反しない限り」自由なのである。ところが、第12条では個人の自由や権利ではなく、国民の政治的自由と権利一般に関して述べているのであり、それは個人のために濫用せずに、つまり私的目的のためにではなく、「共通善」のために行使すべきであると述べているのである。
実は、この第12条はいわゆるＧＨＱ草案の11条のほぼ全訳であるが、「公共の福祉」と訳された言葉の原語は、第13条と第22条が general welfare であるのに対して、ここだけが common good である(78)。つまり、自由や権利は共通善のためにいつでも用いるべきであることが主張されているのである。このことが正しく理解されていれば、権利が私的利益とは違うという理解や政治への参加が増えていくはずである。しかしそうではないために、サンデルが政治的コミュニタリアニズムを宣言した論説「道徳性とリベラルの理想」の副題「個人の権利は共通善を裏切らなければならないのか」は日本でも残念ながら進行しているのである。

〔きくち　まさお〕

注

（1）菊池理夫『共通善の政治学――コミュニティをめぐる政治思想』勁草書房、２０１０年。本稿で論じられていることは、基本的にはこの本と、菊池理夫／小林正弥（編）『コミュニタリアニズムの世界』、勁草書房、２０１３年のなかの私の論文「現代コミュニタリアニズムの諸相」と「コミュニタリアニズムの世界」において論じたことを元にしている。
（2）宇野重規／井上彰／山崎望（編）『実践する政治哲学』ナカニシヤ出版、２０１２年、iii頁。
（3）同上、xv頁。
（4）同上、28、57～58頁。
（5）同上、87頁。
（6）岩井克人「経済の中に倫理を見出す――資本主義の新しい形と伝統芸能」、京都大学経済研究所付属先端政策分析研究所（編）『資本主義と倫理――分断社会をこえて』東洋経済新報社、２０１９年、45頁。
（7）同上、46頁。

（8）Norm Chomsky, "The Common Good" in *The Common Good*, Odonian Press, 1996, pp.5-8 ＝「公益について」『秘密と嘘と民主主義』田中美佳子訳、成甲書房、２００４年、76～79頁。

（9）Alasdair MacIntyre, *The McIntyre Reader*, University of Notre Dame Press, 1998, p.237.

（10）Ibid., p.239

（11）Ibid., pp.239-40.

（12）Ibid., p.241.

（13）Ibid., p.243.

（14）マイケル・サンデル『これからの「正義」の話をしよう——いまを生き延びるための哲学』鬼澤忍訳、早川書房、２０１０年、２８６～２８９頁。

（15）同上、３４４～３４５頁。

（16）同上、３４２～３４３頁。

（17）サンデル「道徳性とリベラルの理想」、日本語版序文『リベラリズムと正義の限界』原著第2版、菊池理夫訳、勁草書房、２００９年、２５７頁。

（18）サンデル『リベラリズムと正義の限界』前掲書、２０８、２１０頁。

（19）サンデル『民主政の不満——公共哲学を求める不満』金子恭子／小林正弥監訳、勁草書房、２０１０年、４頁。

（20）『リベラリズムと正義の限界』前掲書、vi頁。

（21）菊池理夫「コミュニタリアニズムとコスモポリタニズムをつなぐ「住民」」岡本仁宏編『新しい政治的主体像を求めて——市民社会・ナショナリズム・グローバリズム』法政大学出版局、２０１４年、２８９～３１３頁。

（22）マイケル・サンデル／ポール・ダンブロージョ（編）『サンデル教授、中国哲学に出会う』鬼澤忍訳、早川書房、２０１９年。

（23）"The Responsive Communitarian Platform: Rights and Responsibilities," ed. Amitai Etzioni, *The Essential Communitarian Reader*, Rowman & Littlefield Publishers, 1998, p. xxxv ＝「コミュニタリアン綱領——権利と責任」永安幸正監訳、アミタイ・エチオーニ『新しい黄金律——「善き社会」を実現するためのコミュニタリアン宣言』麗澤大学出版会、２００１年、４４９頁。

（24）Ibid., p. xxxvi ＝同上、４５０頁。

（25）Amitai Etzioni, *My Brother's Keeper: A Memoir and a Message*, Rowman & Littlefield Publishers,2003, p. xii.

(26) Ibid., pp.22-23.
(27) Ibid., pp.40-41.
(28) Ibid., p.42.
(29) Ibid., p.201.
(30) Ibid., pp.xv-xvi.
(31) Ibid., p.205.
(32) Ibid., p.206.
(33) Ibid.
(34) Amitai Etzioni, *The New Normal Finding a Balance between Individual Rights and the Common Good*, Routledge, 2015, p.71.
(35) Amitai Etzioni, "Remember, One Trump is Worse than the Other," *Huffington Post*, January 4, 2017, https://www.huffpost.com/entry/one-trump-is-worce-than-t_b_13951590.
(36) Amitai Etzioni, *Happiness is the Wrong Metric: A Liberal Communitarian Responsive to Populism*, Springer Open, 2017, p.126.
(37) Ibid., p.128.
(38) Ibid., p.130.
(39) Amitai　Etzioni, *The Spirit of Community: The Reinvention of American Society*, Simon & Schuster, 1993, pp.227, 231ff.
(40) 菊池理夫『現代のコミュニタリアニズムと「第三の道」』風行社、２００４年、１７８頁。
(41) 佐伯啓思『さらば、民主主義――憲法と日本社会を問い直す』朝日新聞出版〔朝日新書〕、２０１７年、２２９、２３３、２３５頁。
(42) 菊池理夫／有賀誠／田上孝一（編）『徳と政治――徳倫理と政治哲学の接点』晃洋書房、２０１９年、７頁。
(43) 同上、３～６頁。
(44) ミルトン・フリードマン『資本主義と自由』村井章子訳、日経ＰＢ社、２００８年、46、49頁。
(45) グレッグ・パラスト『金で買えるアメリカ民主主義』貝塚泉・永峯涼訳、角川書店、２００３年。
(46) Chomsky, "Keeping the Rich on Welfare," in *Secrets, Lies and Democracy*, Odonian Press, 1994, pp.18-23f =「金持ちに生活保護を」『秘密と嘘と民主主義』前掲書、31～37頁。

（47）中野晃一『私物化される国家――支配と服従の日本政治』角川書店（角川新書）、２０１８年、88、１０４～１０５頁。
（48）菊池理夫『現代のコミュニタリアニズムと「第三の道」』前掲書、２２８～２３１頁、菊池理夫「現代コミュニタリアニズムの政治学」、岡澤憲芙編『比較政治学のフロンティア――21世紀の政治的課題と新しいリーダーシップ』ミネルヴァ書房、２０１５年、１９３～１９５頁。
（49）サンデル『リベラリズムと正義の限界』前掲書、２３８頁。
（50）Sandel, Michael J. *What Money Can't Buy: The Moral Limits of Markets*, Allen Lane, 2012, p.6 = 『それをお金で買いますか――市場主義の限界』鬼澤忍訳、早川書房、２０１２年、16～17頁。
（51）Bill Jordan, Why the Third Way Failed: Economics, Morality and the Origins of the 'Big Society', Policy Press. 2010.
（52）Sandel, *What Money Can't Buy*, op.cit., pp.114-116 = 『それはお金で買いますか』前掲書、１６３～１６５頁。
（53）菊池『共通善の政治学』前掲書、52頁以下。
（54）同上、72頁以下。
（55）同上、81頁以下。
（56）菊池「公共政策学――共通善の政策科学」小林正弥・菊池理夫（編）『コミュニタリアニズムのフロンティア』勁草書房、２０１２年、１１２頁。
（57）サンデル『リベラリズムと正義の限界』前掲書、87頁以下。
（58）菊池理夫「人間の尊厳と「共通善の政治学」」『社会と倫理』第32号、２０１７年、95～１０８頁。http://rci.nanzan-u.ac.jp/ISE/ja/publication/se32/32-08kikuchi.pdf.
（59）菊池『共通善の政治学』前掲書、１９５～１９６頁。
（60）P・ヴァン・パリース『ベーシック・インカムの哲学――すべての人にリアルな自由を』後藤玲子／齊藤拓訳、勁草書房、２００９年は左派リバタリアンという立場からであるが、様々な政治思想からのベーシック・インカム論を論じている。
（61）Bill Jordan, "Basic Income and the Common Good," in *Arguing for Basic Income*: Ethical Foundations for Reform. ed. Philip Van Parijs, University of Chicago Press, 1992, p.163.
（62）Bill Jordan, *The Common Good: Citizenship, Morality and Self-Interests*, Basil Blackwell, 1989, pp.8-9.
（63）Ibid., p.7.

（64）Ibid., pp.108-109, 137-140.

（65）Amitai Etzioni with Alex Platt, "A Community-Based Guaranteed Income," *The Foundation for Law, Justice and Society*, https://www.fijs.urg/sites/www.fijis.org/publications/etzidni.pdf.

（66）玉野井芳郎「地域主義のために」玉野井芳郎／清成忠男／中村尚司（編）『地域主義』学陽書房、１９７８年、12～13、16～17頁。

（67）同上、７頁。

（68）玉野井芳郎『地域主義の思想』農村漁村文化協会、１９７９年、19頁。

（69）鶴見和子『内発的発展によるパラダイム転換』（『鶴見和子曼荼羅IX　環の巻』）藤原書店、１９９９年、29頁以下。

（70）玉野井『地域主義の思想』前掲書、38頁。

（71）玉野井『地域主義からの出発』（『玉野井芳郎著作集　第３巻』）学陽書房、１９９０年、２４８～２５０頁。

（72）同上、２３１頁以下。

（73）室田武『エネルギーとエントロピーの経済学――石油文明からの飛躍』東洋経済新報社、１９７９年、１７３頁以下、１９２頁以下。

（74）室田武・三俣学『入会林野とコモンズ――持続可能な教育の森』日本評論社、２００４年：三俣学・森元早苗・室田武（編）『コモンズ研究のフロンティア――山野海川の共的世界』東京大学出版会、２００８年。

（75）多辺田政道『コモンズの経済学』学陽書房、１９９０年、１頁。

（76）多辺田政道「コモンズ論――沖縄で玉野井芳郎が見たもの」エントロピー学会編『「環境型社会」を問う――生命・技術・経済』学陽書房、２００１年、２５９頁。

（77）菊池『現代のコミュニタリアニズムと「第三の道」』前掲書、43～45頁。

（78）https://www.ndl.go.jp/constitution/shiryo/03/076a_e/076a_etx.html#t005.

編集後記

本誌は８本の論考を集めたものだが、冒頭の序文的な論考を除き、集まってきた経緯は２様である。藤井博之、白石恵理子、大菅俊幸、種村完司氏までの４本の論考は、２０１９年６月15日愛媛県知多郡にある日本福祉大学で行われた第14回総合人間学会シンポジウムのパネリストとしての報告に基づいたものである。一方、穴見愼一、徳田太郎、菊池理夫氏までの３本の論考は本誌のために寄稿を依頼し、執筆を引き受けて頂いたものである。執筆者の方々には、それぞれお忙しい中で期日に合わせて執筆頂いたことにこの場をかりて深く感謝したい。

本誌のテーマは、先に述べたシンポジウムのテーマそのものである。「いのちのゆれ」ということばは、パネリストのお一人である白石恵理子氏の著書からとらせていただいたものだが、動的平衡状態にあるいのちのあり様を表現していて、危うさ、脆さという面と、戸惑いつつ、変化し、成長する面を包含している。人間は葛藤し、惑うがゆえに豊かになれる存在だ。葛藤を超越すれば楽になるが、ある意味そこで人間としての成長は止まる。

人はどの一人をとっても異なっている。今、そこを出発点に誰にとっても新しい豊かさを発見する対話の場をつくることに、人間の存続がかかっていると思われる。平均化のための話し合いではなく、相違を際立たせ、かつ、お互いが意識の深いレベルまでよく耕されてゆくことが対話のプロセスだろう。耕されてゆくと共通の基盤が発見されるかもしれない。言い方をかえれば、お互いのグレーゾーンを尊重する勇気が得られるかもしれない。本書が読者にとりそうしたプロセスへの一助となることを願うものである。

最後に、新型コロナウイルス感染拡大下の経済的活動が困難な時期に、遅滞なく校正、印刷、製本の労をとられた本の泉社、新舩海三郎氏に感謝申し上げたい。

総合人間学会雑誌刊行委員　　中村　俊

著者一覧（執筆順）

中村　俊（なかむらしゅん／東京農工大学名誉教授／神経科学）

藤井博之（ふじいひろゆき／日本福祉大学社会福祉学部教授／佐久総合病院非常勤医師）

大菅俊幸（おおすがとしゆき／（公社）シャンティ国際ボランティア会　専門アドバイザー／曹洞宗総合研究センター講師）

白石恵理子（しらいしえりこ／滋賀大学教育学部教授／障害児心理・教育）

種村完司（たねむらかんじ／鹿児島大学名誉教授／前鹿児島県立短期大学学長／哲学・論理学）

穴見愼一（あなみしんいち／立教大学非常勤講師／環境思想）

徳田太郎（とくだたろう／日本ファシリテーション協会フェロー／いばらき原発県民投票の会共同代表／法政大学大学院政治学研究科博士後期課程在学）

菊池理夫（きくちまさお／三重中京大学名誉教授／政治学・ユートピア思想）

書籍のバックナンバー、オンラインジャーナルに関する情報は以下を参照ください。
・総合人間学会ホームページ　http://synthetic-anthropology.org/
・総合人間学会書籍案内　http://synthetic-anthropology.org/?page_id=50
・総合人間学会オンラインジャーナル　http://synthetic-anthropology.org/?page_id=334

総合人間学 14
いのちのゆれの現場から実践知を問う

2020年 7 月26日　初版第 1 刷発行
編　集　総合人間学会
発行者　新舩 海三郎
発行所　株式会社 本の泉社
〒113-0033 東京都文京区本郷2-25-6
TEL. 03-5800-8494　FAX. 03-5800-5353
印　刷　音羽印刷 株式会社
製　本　株式会社 村上製本所
ＤＴＰ　木椋 隆夫